Pour vous future maman

Couverture
- Photo:
  FRANÇOIS DUMOUCHEL
- Maquette:
  JACQUES BOURGET

Maquette intérieure
- Conception graphique:
  ANDRÉ LALIBERTÉ
- Dessins:
  ANDRÉ LALIBERTÉ

DISTRIBUTEURS EXCLUSIFS:

- Pour le Canada:
  AGENCE DE DISTRIBUTION POPULAIRE INC.*
  955, rue Amherst, Montréal H2L 3K4 (tél.: 514-523-1182)
  *Filiale de Sogides Ltée

- Pour la France et l'Afrique:
  INTER-FORUM
  13, rue de la Glacière, 75013 Paris (tél.: 570-1180)

- Pour la Belgique, la Suisse, le Portugal, les pays de l'Est:
  S.A. VANDER
  Avenue des Volontaires 321, 1150 Bruxelles (tél.: 02-762-0662)

Trude Sekely

Pour vous future maman

LES ÉDITIONS DE L'HOMME*

CANADA: 955, rue Amherst, Montréal H2L 3K4

*Division de Sogides Ltée

Bibliothèque nationale du Québec
Dépôt légal — 3e trimestre 1980

ISBN 2-7619-0106-1

REMERCIEMENTS

Je remercie mesdames Gisèle Tétreault-Morinville et Renée Langevin-Mailloux pour leur contribution et leur aide à l'élaboration de cette nouvelle édition de *Pour vous future maman*.

PRÉSENTATION DE LA NOUVELLE ÉDITION

Il y a plus de vingt ans, la première édition du volume *Pour vous future Maman* fut publiée; il y a dix ans, paraissait une nouvelle édition revue et augmentée. Donc, depuis une vingtaine d'années, des milliers de futures mamans qui ont suivi mes cours pour s'entraîner en vue d'un accouchement conscient se sont servies de mon volume pour répéter leurs leçons chez elles et nombre d'autres se sont préparées seules, le volume leur servant de guide.

C'est donc une très grande satisfaction pour moi de savoir que les principes de ma méthode n'ont pas perdu leur valeur depuis si longtemps. Pourtant, il faut maintenant tenir compte de certains changements dans l'attitude du corps médical, du milieu hospitalier et du public vis-à-vis de l'accouchement conscient: il n'est plus considéré comme une aventure, une extravagance des médecins et des femmes à l'esprit avant-gardiste, mais chose acquise, reconnue et dont la valeur n'est plus contestée, à quelques exceptions près.

Depuis deux ans et demi je n'enseigne plus. Deux de mes professeurs, qui ont longtemps travaillé avec moi, dirigent maintenant le «Centre maternel Trude Sekely». Je suis très heureuse de savoir que Mme Gisèle Tétreault-Morinville et Mme Renée Langevin-Mailloux reconnaissent les principes de mon enseignement et que, en même temps, elles suivent les nouvelles tendances, l'esprit assez critique pour reconnaître les idées de valeur et rejeter les exagérations et les modes passagères.

Ensemble, nous avons apporté quelques changements dans le choix des exercices et nous en avons ajouté quelques-uns que les élèves trouvent spécialement agréables à faire. Et surtout — je suis sûre que les lectrices en seront ravies — tous les exercices sont illustrés, les croquis facilitant grandement la compréhension des mouvements.

Les excellents résultats obtenus dans le passé confirment ma conviction qu'une gymnastique appropriée et suffisamment variée favorise l'adaptation de la future maman à son nouvel état. Le bien-être qui résulte d'une pratique quotidienne des exercices rend la femme moralement plus confiante et physiquement plus adroite. Nier la valeur de la gymnastique prénatale serait douter de la valeur de l'activité physique tout court. Un organisme résistant à la fatigue, un système musculaire obéissant, voilà des biens précieux et enviables, fruits d'un entraînement équilibré, gradué et adéquat.

Encore plus qu'à la deuxième édition, nous insistons auprès du mari pour lui attribuer son rôle si important, un rôle qu'il doit avoir compris. Bien sûr, il y a longtemps que le mari n'est plus considéré comme un porteur de germes gênant qui perd conscience au moment le plus inopportun. Mais il y a quand même des couples qui pourraient vivre plus intensément et plus harmonieusement la grossesse et l'accouchement. Quand nous parlons de couples, nous les incluons tous, sans distinction, ceux qui sont passés à la mairie et à l'église et ceux qui suivent leur propre code de morale et d'éthique.

Trude Sekely

PRÉFACE

Très sensible à l'invitation qu'on m'a faite de rédiger cette préface, c'est en toute modestie que j'acquiesce, car à bien y songer, ce livre de grande valeur pourrait se passer de préface.

«Un organisme résistant à la fatigue, un système musculaire obéissant, voilà des biens précieux et enviables, fruits d'un entraînement équilibré, gradué et adéquat». C'est en ces termes que s'exprimait l'auteur, Mme Trude Sekely, en présentant l'édition antérieure de son livre intitulé: *Pour vous future maman*. Si, à cette gymnastique d'ordre physique, on joint en même temps une autre discipline consistant en une préparation psychosomatique intelligente et souple de la gestante, on comprendra mieux le grand mérite de l'oeuvre accompli par Mme Sekely.

En suivant de près l'évolution de l'obstétrique au cours de la dernière décennie, on découvre les progrès immenses accomplis dans ce domaine. Tout d'abord, on comprend mieux tous les processus de la reproduction et de la gestation. Des voiles ont été levés sur la dynamique de l'unité foeto-placentaire et il nous est maintenant possible de la mesurer afin de nous renseigner sur l'état de santé du foetus. On a vu la plupart des centres hospitaliers s'équiper d'une instrumentation variée et adéquate, tels des moniteurs foetaux et des appareils à ultrason, dans le but d'établir une surveillance plus étroite de la femme enceinte. Cet ensemble d'examens et de tests, grâce à l'évolution de la science, vise à mieux suivre la grossesse et à faciliter le dépistage précoce d'un éventuel problème.

Il s'est développé en même temps un souci toujours grandissant de rendre plus humains les soins prénatals et, bien sûr, la phase ultime et tellement attendue qu'est l'accouchement, aboutissement normal et heureux d'un processus merveilleux marqué par les premiers cris du nouveau-né. C'est ainsi avec satisfaction que nous notons l'intérêt de plus en plus marqué du couple à participer à toutes les étapes de cette grande aventure pour la vivre pleinement. La femme moderne est désireuse de jouer un rôle actif tout au long de sa grossesse et d'accoucher le plus naturellement possible. Aussi doit-elle s'y préparer d'une façon sérieuse et adéquate.

C'est donc en toute confiance et avec beaucoup de bonne volonté qu'un grand nombre de femmes enceintes s'inscrivent à des cours prénatals. Les médecins-accoucheurs sont alors assistés dans leur tâche par d'autres personnes qualifiées qui voient à leur procurer le confort et l'encouragement dont elles ont besoin pour poursuivre leur grossesse le plus sereinement possible.

Ces méthodes de préparations à l'accouchement conscient ont pour effet bénéfique d'amener le mari à jouer un rôle de premier plan tant au cours de la grossesse qu'à son dénouement. Humanisés, la grossesse et l'accouchement ennoblissent le rôle merveilleux de la mère et permettent au père de prendre conscience de son triple rôle de procréateur, d'époux et de père, ce qui viendra resserrer les liens entre les époux et le nouveau-né.

Pionnière de cette discipline, Mme Sekely a su, avec tact, persévérance et intelligence, sensibiliser la communauté montréalaise et québécoise au bien-fondé d'une préparation prénatale tant physique que psychosomatique. Elle a mis au point un vaste programme d'exercices physiques encore utilisés de nos jours. Oh! ce ne fut pas toujours facile. Elle dut, au début, se heurter à un scepticisme exagéré et rencontrer une certaine réticence de la part d'un grand nombre de médecins. Mais soutenue par une tenacité à toute épreuve et pouvant compter sur une collaboration franche et constructive, elle finit par en convaincre plusieurs et à faire admettre la réelle valeur de ses idées. Pendant près de trente ans, elle s'est appliquée à créer chez les gestantes un climat de confiance et à amener une plus grande compréhension des différentes phases de la grossesse, du travail et de l'accouchement.

Mme Sekely s'est adjoint des collaboratrices sérieuses, bien entraînées et toujours imbues de l'idée maîtresse qui a présidé à la mise en marche de cette discipline prénatale. J'ai nommé Renée Langevin-Mailloux et Gisèle Tétreault-Morinville, infirmières, maintenant co-directrices du Centre maternel Trude Sekely.

Résolues à poursuivre l'oeuvre de Mme Sekely, ces dernières ont su s'adapter aux nouvelles exigences des couples et de la société de même qu'au progrès de la science obstétricale dans sa marche vers un mieux-être. Elles travaillent en étroite collaboration avec le médecin qui est en mesure d'apprécier les bénéfices que représente une préparation prénatale globale tant sur le plan de l'information que sur le plan physique et psychologique.

En publiant cette cinquième édition, l'auteur a voulu offrir à la future maman un guide pratique qui devient un précieux outil de travail permettant à la gestante d'effectuer avec profit les divers exercices prénatals qui y sont recommandés.

La médecine ayant pour premier objectif la prévention de la maladie et, partant, le maintien d'une bonne santé, il va de soi que ces mêmes objectifs conservent toute leur signification lorsqu'il s'agit de bien diriger une grossesse et de bien préparer un accouchement qui s'effectuera sans la moindre violence et en pleine conscience de la mère sachant accepter avec joie et grandeur d'âme une douleur qui annonce la venue de l'enfant désiré.

Yvan Aubin, m.d.
Gynécologue — Obstétricien

INTRODUCTION

C'est en Angleterre, en 1933, qu'est apparu le livre du docteur Grantly Dick Read, *Childbirth without fear* (ou l'accouchement sans crainte). Ce livre a eu l'effet d'une bombe: enfin, un médecin parlait des souffrances bien inutiles des parturientes et de l'abus de la médication. Son principe: l'ignorance engendre la peur (les connaissances faussées aussi), la peur engendre la tension, la tension engendre la douleur. En éliminant la peur, tension et douleur disparaissent.

À Paris, en 1952, le docteur Lamaze, après avoir fait des études en U.R.S.S., lança dans sa clinique de maternité la méthode de l'«accouchement sans douleur». Son principe: établir des réflexes conditionnés qui permettent d'interpréter comme indolores les sensations accompagnant les contractions utérines.

Mais qu'est-ce qu'un réflexe conditionné? C'est un réflexe acquis, appris par une expérience souvent répétée, tandis qu'un réflexe inconditionné est un réflexe inné, par exemple retirer vite la main d'une surface chaude ou fermer les yeux devant une lumière très forte. C'est le physiologiste russe Pavlov qui, le premier, a expliqué le réflexe conditionné et a illustré ses explications avec des expériences devenues célèbres.

Si l'on offre à manger à un chien, il commence à saliver, même si une douleur, un pincement ou une décharge électrique, lui est infligée en même temps. Cette expérience sera répétée un certain nombre de fois pour que le chien apprenne à associer douleur et nourriture. Ensuite, la douleur lui est infligée sans qu'il voie la nourriture — il salive quand même, car il est conditionné à associer les deux choses. Mais si cette deuxième expérience est répétée trop longtemps, le chien oublie cette association et il ne salive plus en subissant la douleur. Il est déconditionné. Il peut être reconditionné assez rapidement. Comme les animaux, les humains peuvent acquérir des réflexes et ils peuvent les perdre, sans jamais les oublier complètement. Pour cette raison, les femmes devraient se «reconditionner», c'est-à-dire réapprendre le comportement approprié durant l'accouchement, lors d'une deuxième grossesse.

Il est facile de trouver des exemples de conditionnement dans notre vie: par exemple, imaginez que vous êtes absorbée par un travail fascinant qui vous fait oublier l'heure. Tout à coup, vous entendez dire: «Il est déjà une heure!» et immédiatement vous pensez: «Une heure; j'ai très faim.», car d'habitude c'est l'heure de manger. Ou bien, vous apprenez à conduire: en voyant une lumière rouge, vous pensez: «Il faut m'arrêter.» Quand vous aurez pris l'habitude de conduire, vous n'y penserez certainement plus, mais votre pied appuiera automatiquement sur le frein.

Le docteur Read, avec sa méthode d'accouchement sans douleur et le docteur Lamaze avec sa méthode psycho-prophylactique prennent des chemins différents pour arriver au même but: améliorer la condition de la parturiente. La méthode du docteur Read est plus philosophique, plus mystique même, celle du docteur Lamaze plus scientifique et matérialiste. Depuis leur vulgarisation, beaucoup de médecins et de centres de préparation ont fait une synthèse des deux méthodes, ayant à coeur de les améliorer constamment et de les adapter aux besoins caractéristiques des pays où elles sont pratiquées.

Les techniques respiratoires enseignées dans ce volume ressemblent à celles exposées dans les publications françaises, par contre nous ne parlons jamais d'accouchement sans douleur. Un certain nombre de femmes affirment avoir accouché sans douleur, et cela sans aucune suggestion de notre part. Pourtant, pour éviter des déceptions, il me semble préférable de préparer les femmes à accepter l'intensité des sensations ressenties au moment de l'accouchement et de leur enseigner comment les contrôler.

Je réserve une grande place à la description des exercices prénatals, dont certains visent à préparer spécifiquement à l'accouchement, tandis que d'autres ont pour but de réduire les inconforts de la grossesse, d'augmenter l'endurance physique et la tolérance à la fatigue. Ils visent également à préserver le corps de la mère et à hâter son retour à une bonne forme physique et morale après la naissance de son enfant.

Trude SEKELY

CHAPITRE I

AVANTAGES D'UN ACCOUCHEMENT CONSCIENT

Autrefois, la grossesse était désignée comme «un état délicat»; la femme enceinte mangeait pour deux et acceptait l'alourdissement et l'empâtement de son corps comme inévitables. Souvent, elle s'affaiblissait par de trop longues heures de repos.

Aujourd'hui, la femme enceinte continue sa vie familiale sans trop de fatigue et sa vie professionnelle aussi longtemps que bon lui semble, sans que personne ne soit offusqué de sa présence.

Quand, il y a environ vingt-cinq ans, j'ai commencé à organiser les cours préparatoires à l'accouchement, les élèves avaient beaucoup d'obstacles à surmonter. Elles entendaient bien des moqueries et des remarques sarcastiques et il leur était difficile de trouver un médecin et des infirmières qui voulaient bien les assister dans leur entreprise.

Mais aujourd'hui, rares sont les médecins qui s'opposent à ce que leurs patientes accouchent consciemment et les infirmières accueillent avec plaisir celles qui arrivent à l'hôpital toutes fières de leurs connaissances nouvellement acquises et prêtes à les mettre en pratique.

Donc la condition de la femme enceinte et de la parturiente s'est sensiblement améliorée. La femme qui se prépare en vue d'un accouchement conscient a de fortes chances de réaliser ce désir bien légitime.

Les statistiques établies dans nombres d'hôpitaux et les expériences de plusieurs médecins prouvent que les accouchements préparés sont en moyenne de plus courte durée et qu'ils comportent moins de complications pré- et postnatales.

Mais ce ne sont pas seulement les faits et les statistiques qui parlent en faveur de l'accouchement conscient. Ce qui compte aussi et surtout, ce sont les empreintes que la maternité grave dans la mémoire de la jeune mère: elle peut rester humiliée et découragée ou émerveillée et enrichie. Après un accouchement conscient, elle éprouve immédiatement un grand bien-être physique et elle ressent la satisfaction d'avoir mené à bien un grand travail. Elle aimerait déjà se voir hors du lit et crier son bonheur sur tous les toits. Elle retrouve rapidement son énergie et sa force, son poids et sa taille et la maternité aura doté sa beauté d'un nouvel éclat, d'un nouvel épanouissement.

L'accouchement naturel, si désirable pour la mère, est aussi avantageux pour l'enfant. Pauvre petit, son entrée dans ce monde n'est point facile. Si le nouveau-né pouvait nous raconter ses impressions pendant sa naissance, un plus grand nombre de futures mamans n'hésiteraient pas à se préparer à un accouchement naturel beaucoup moins traumatisant pour leur enfant.

A . Influence de l'exercice sur la grossesse

La grossesse n'est pas une maladie, mais la femme enceinte se trouve dans un état de moindre résistance; l'éclosion d'une nouvelle vie constitue un véritable bouleversement pour son organisme. Les grandes fonctions vitales, respiration, circulation et digestion sont influencées par la présence du foetus qui doit s'alimenter à même le sang maternel non seulement en oxygène qui garantit sa vie, mais aussi en substances qui assurent son développement. L'organisme maternel est également chargé d'éliminer les déchets du foetus, il souffre de la présence des matières non éliminées. Comme organismes maternel et embryonnaire sont étroitement liés, ce dernier en subit également les conséquences.

Pour tout échange dans l'organisme, l'oxygène est indispensable. Il l'est également pour tout processus de croissance. La femme enceinte doit fournir l'oxygène et pour la croissance de l'enfant et pour la croissance de ses organes: utérus, placenta, seins. Dès le début de la grossesse, il existe donc un besoin considérable d'oxygène qui doit absolument être satisfait. L'importance de l'activité physique s'impose donc du début de la grossesse jusqu'à son terme.

La consommation d'oxygène est réduite au minimum pendant le sommeil. Elle augmente un peu au moment du réveil, même si vous restez tranquille. Mais l'activité physique entraîne toujours une consommation accrue d'oxygène; cette augmentation correspond au nombre de muscles mis en action, à la vitesse avec laquelle le travail est accompli et à la résistance rencontrée.

Nous avons choisi des exercices qui stimulent l'organisme au dégré voulu, sans provoquer une trop grande fatigue musculaire ou nerveuse et sans surmener le coeur qui doit fournir un surplus de travail pendant la grossesse.

Il est bien entendu que certains sports qui comportent des risques de secousses, comme l'équitation et le tennis, ou des risques de chutes, comme le patinage et le ski alpin, sont déconseillés pendant la grossesse. Les chutes les plus dangereuses sont celles provoquées par une autre personne qui croise votre chemin. Avant de faire du ski alpin ou du patinage, demandez la permission de votre médecin et évitez les emplacements où il y a beaucoup de monde. La natation, le ski de randonnée, le golf et la marche sont excellents pour la femme enceinte. Choisissez des parcs ou de larges avenues bordées d'arbres et fixez votre attention sur l'allure de vos pas et le rythme de votre respiration. Aller d'un magasin à l'autre, piétiner devant les étalages et rentrer fourbue, les bras pleins de paquet, cela ne vous fait aucun bien, au contraire.

Le travail ménager ne remplace pas la pratique des exercices, loin de là. En faisant le ménage, vous vous penchez beaucoup et vous vous étendez rarement. Vous répétez toujours les mêmes mouvements et vous êtes obligée de rester longtemps dans la même position, ce qu'il faut justement éviter. Le travail ménager alourdit le corps, tandis que l'exercice lui donne force et grâce.

Puisque le travail ménager doit quand même être fait, il s'agit de l'accomplir avec un minimum de fatigue. Prenez l'habitude de vous asseoir pour repasser, pour éplucher les légumes, etc. En somme, ne restez pas debout quand vous pouvez vous asseoir. À toutes les heures, couchez-vous quelques minutes sur le dos, les jambes surélevées. Le travail terminé, faites quelques exercices de détente pour les jambes et quelques mouvements de balancement du tronc pour assouplir les muscles du dos.

Il faut simplifier vos routines pour que le travail de maison n'empiète pas sur les heures réservées aux exercices et à la marche, ou au repos et au sommeil. N'oubliez jamais que vous partagez avec votre enfant les bienfaits des soins que vous vous donnez.

Autrefois, la culture physique était une discipline monotone et rigide, pareille pour tous les âges et toutes les conditions physiques; elle ne tenait même pas compte des différences anatomiques et physiologiques liées au sexe. Il n'est donc pas étonnant qu'il n'y ait pas eu de gymnastique spéciale pour les femmes enceintes avant l'avènement des méthodes modernes.

Notre méthode n'est pas rigide: elle s'adapte aux différents stades de la gestation et aux besoins de chaque femme enceinte. Elle n'est pas monotone non plus: elle comprend une grande variété d'exercices qui font travailler chaque partie du corps d'une manière bien définie et qui influencent favorablement l'organisme tout entier.

Je trouve bien triste de constater que dans la plupart des cours de préparation à l'accouchement qui se donnent présentement, le nombre des exercices offerts est minime et les mouvements mal choisis. Il n'est donc pas étonnant que les élèves de ces cours perdent tout intérêt dans cette partie si importante de leur préparation; elles n'éprouvent jamais le bien-être qui résulte de la pratique d'un bon nombre d'exercices variés. C'est une situation déplorable, à un moment où il y a décidément un éveil à l'importance d'une bonne condition physique.

L'ancienne «culture physique» ignorait la détente musculaire; la gymnastique moderne, et tout spécialement notre méthode préparatoire à l'accouchement, enseigne le jeu d'alternance de la détente et de la contraction musculaire.

Nous ne croyons pas qu'il soit facile pour une débutante en gymnastique moderne d'apprendre les mouvements d'après les seules indications d'un livre, aussi clairement qu'il soit écrit et aussi explicitement qu'il soit illustré. Ceci nous semble aussi difficile que de vouloir apprendre une langue étrangère en ne se servant que de manuels; les règles de grammaire peuvent s'apprendre assez facilement, mais pas l'intonation et le rythme. De même, il est difficile de saisir ce qui rend un mouvement vivant et beau, harmonieux et naturel. La présence d'un professeur qui montre et corrige les mouvements est de beaucoup préférable.

Les exercices de détente forment une partie très importante de notre enseignement. La grossesse est une période d'instabilité nerveuse. Bien des femmes n'arrivent pas à se réjouir de leur état et elles appréhendent l'accouchement. Elles deviennent irritables et hypersensibles et il leur faut alors un long apprentissage pour maîtriser la détente dont elles ont particulièrement besoin. Nous savons tous que notre état physique influence notre état d'esprit — l'inverse est aussi vrai. En enseignant la détente musculaire, nous arrivons à soulager la tension nerveuse et l'anxiété.

B. Influence de l'entraînement
sur l'accouchement

À la fin de la grossesse, l'utérus est un muscle grand et puissant. Comme le coeur, l'estomac, les intestins, l'utérus est un muscle involontaire, aux faisceaux lisses et, comme ces derniers, il n'obéit pas à la volonté. Son fonctionnement est réglé par des hormones qui sont les produits des glandes à sécrétion interne. Le rythme des contractions durant le travail et aussi, au moins en partie, son déclenchement dépendent des hormones. Les muscles involontaires sont influencés par notre état nerveux plus que les muscles aux faisceaux striés qui obéissent à la volonté; ces derniers sont ceux qui entourent le squelette et en assurent le mouvement.

Les muscles involontaires sont influencés par notre état nerveux. Par exemple, une tension nerveuse permanente peut occasionner des troubles intestinaux ou avoir des répercussions sur le coeur. Une émotion soudaine et vive peut faire battre le coeur plus vite, ou causer des crampes d'estomac, des nausées. Les personnes au tempérament calme vivent généralement en paix non seulement avec leur entourage, mais aussi avec elles-mêmes; elles sont moins sujettes aux maladies fonctionnelles.

L'utérus doit accomplir un travail considérable et il fonctionnera d'autant mieux que vous accepterez d'avance et d'une manière rationnelle l'évolution de ce travail. Ainsi, étant bien entraînée dans l'art de la détente, vous accepterez les sensations provoquées par les contractions utérines sans vous raidir et sans opposer de résistance au travail normal de l'utérus. Telle doit être votre attitude pendant toute la première phase de l'accouchement, tant que vous ne serez pas appelée à aider l'utérus dans ses efforts. Alors entrent en jeu les muscles volontaires. C'est la deuxième phase: l'expulsion du bébé. La troisième phase ou expulsion des suites ne demande pas de préparation.

Les contractions utérines se répètent à intervalles de moins en moins longs. Pendant ces intervalles, vous devez vous reposer, soit de l'effort passif ou mental apporté à contrôler les contractions de la dilatation soit de l'effort actif de l'expulsion. La nature vous viendra en aide si vous savez vous abandonner à ses procédés: vous êtes préparée à la détente, il vous sera donc facile de vous reposer entre les contractions, même de sommeiller, en gardant juste assez de lucidité pour accueillir en temps opportun la contraction suivante. En profitant de chaque moment de répit, vous arriverez à économiser vos forces. Si, au contraire, vous passez les intervalles à appréhender la contraction suivante, vous serez bientôt exténuée.

La respiration est influencée par l'état nerveux. Êtes-vous calme, votre respiration suit un rythme régulier. Êtes-vous émue, en colère, la respiration devient saccadée, irrégulière et échappe au contrôle; angoissée, vous pouvez à peine respirer car la gorge se resserre. D'autre part, vous pouvez vous calmer en vous imposant une respiration au rythme régulier.

Un autre facteur joue un rôle important pendant l'accouchement: le travail musculaire augmente la production d'acide carbonique qui doit être remplacé par de l'oxygène. Cet échange se fait par l'intermédiaire de la respiration. Plus la somme du travail musculaire est grande, plus vif doit être l'échange. L'utérus étant un puissant muscle, il fonctionne d'autant mieux que le sang qui afflue vers lui est chargé d'oxygène.

Grâce à des techniques respiratoires apprises d'avance, vous pourrez adapter le rythme et l'ampleur de votre respiration aux contractions utérines. Si vous respirez bien, l'utérus recevra la quantité d'oxygène necessaire, votre détente sera facilitée et ainsi vous saurez soutenir vos efforts d'expulsion.

Ne craignez pas d'oublier les leçons apprises. Ayant l'esprit libre, vous trouverez instinctivement la position la plus confortable et votre rythme respiratoire s'adaptera harmonieusement à vos contractions. D'ailleurs, les infirmières et votre mari seront là pour vous aider, vous encourager et pour vous tenir au courant du progrès de la dilatation; pendant l'expulsion, le médecin dirigera vos efforts.

Des conditions extérieures favorables facilitent le travail. Vous vous détendrez plus facilement dans une atmosphère calme et paisible. Si vous entendez des plaintes d'autres parturientes qui ne sont pas, comme vous, préparées à leur tâche, il faut vous concentrer avec encore plus de détermination sur votre propre travail.

La troisième et dernière phase de l'accouchement consiste en l'expulsion des suites: placenta, cordon et membranes. Suivant les témoignages de plusieurs auteurs, ces suites viennent plus facilement chez la mère qui n'a pas beaucoup d'anesthésie.

CHAPITRE II
PRÉSENTATION DES
EXERCICES PRÉNATALS

Les futures mamans éprouvent très vite les heureux résultats de la pratique d'une gymnastique bien réglée et elles sont des élèves enthousiastes. L'exercice quotidien devient un vrai besoin pour elles.

Comme les adeptes de la gymnastique mènent une vie active et normale, elle souffrent rarement de dépression nerveuse. Rares aussi sont celles qui souffrent de maux de dos et de douleurs dans le ventre, contrairement aux femmes qui manquent d'activité physique appropriée. Si vous vous soumettez régulièrement à la discipline de l'exercice physique, vous porterez votre enfant avec aisance et joie et pour vous l'accouchement ne signifiera pas la fin d'une période pénible, mais l'accomplissement d'un événement heureux.

Les heures de cours sont une source de joie pour les élèves et pour le professeur. Ces jeunes femmes, qui ont tant d'intérêts communs, aiment se réunir et laisser derrière elles tout souci; la leçon est pour elles une vraie récréation. Le moindre doute sur l'utilité de l'exercice s'évanouit à la vue d'un groupe en travail. L'aisance des élèves, même de celles qui touchent au terme de leur grossesse, est vraiment surprenante. On peut lire sur leur visage le plaisir de se mouvoir sans lourdeur.

Durant les trois derniers mois, les élèves viennent accompagnées de leur mari. Les couples apprennent tout ce qu'ils doivent savoir sur l'accouchement. À la pratique des exercices s'ajoute alors l'apprentissage des respirations et des positions à prendre durant le travail. Des films et des diapositives sont montrés et ils intéressent grandement les jeunes couples.

A. Directives d'enseignement

TRAVAIL EN GROUPE

Bien que le choix des exercices pour la femme enceinte soit relativement restreint, les leçons doivent être attrayantes et variées. Chacune doit comprendre des exercices bien connus et des exercices nouveaux, des mouvements qui préparent spécialement à l'accouchement et des mouvements plus libres, donnant la satisfaction «d'avoir remué». Plus vous prendrez plaisir à exécuter les exercices, plus le résultat sera appréciable.

Il nous appartient de bien choisir et de doser les exercices, tout comme le médecin qui prescrit un médicament. Une dose d'exercices trop forte nuit et une dose trop faible ne provoque pas les réactions voulues.

En observant la respiration et l'expression du visage de ses élèves, le professeur découvrira facilement les signes indicateurs de fatigue. Le cours ne compte pas plus de 10 à 12 élèves à la fois, ce qui rend possible une surveillance individuelle constante. Les élèves doivent avoir entière liberté de s'arrêter et de reprendre les exercices à leur gré.

Dans cette atmosphère de gaieté et d'aise, les élèves travaillent consciencieusement et assidûment. Elles doivent toujours recevoir une réponse à leur question, courte évidemment, pour ne pas interrompre le cours de la leçon. De plus, les longues discussions sont réservées pour la fin de la séance. Les mouvements de détente prennent de dix à quinze minutes d'un cours de soixante minutes. Ainsi, la leçon n'est pas fatigante et passe très vite.

Voici comment le professeur crée l'atmosphère de tranquillité nécessaire aux mouvements de détente. Les élèves, couchées confortablement, en grand silence, oublient toutes préoccupations. Elles gardent juste assez de lucidité pour entendre les instructions données à voix basse. Le professeur fait doucement le tour de la classe, soulevant et laissant retomber le bras de l'une, la jambe de l'autre, pour s'assurer d'une détente complète. Les unes bâillent sans contrainte et, assez fréquemment, il arrive même que plusieurs élèves sommeillent pendant quelques instants. Ayant suivi d'abord la voix rythmée du professeur, les élèves continuent ensuite les mouvements en écoutant le rythme de leur propre respiration. Elles se sentent loin de tout, seules avec le petit être qui se forme en elles. Les élèves sont alors dans un état extrêmement réceptif, moment idéal pour les convaincre de la possibilité de la détente pendant l'accouchement et pour leur inspirer confiance en elles-mêmes. Elles ne manqueront pas de s'en souvenir au moment voulu.

Si la grossesse suit son cours normal, il y a tout avantage à se joindre à un cours de groupe. Les leçons individuelles ne sont à conseiller que dans les cas où des précautions spéciales s'imposent. Sans l'entrain d'une classe, on se lasse plus vite et la séance d'exercice ne devrait en aucun temps dépasser une demi-heure.

À la fin des leçons particulières et des cours de groupe, l'élève reçoit son «devoir» choisi parmi les exercices qu'elle vient d'apprendre. Au début de la leçon suivante, le professeur s'assure que le devoir a été pratiqué — ce qui se voit d'ailleurs facilement. Ces exercices quotidiens sont très importants car, pendant la grossesse, le corps de la femme étant particulièrement malléable, l'occasion est excellente pour corriger de petits défauts d'esthétique et de tenue.

Chaque exercice doit partir d'une position impeccable, mettant les muscles en état d'alerte, c'est-à-dire prêts à répondre immédiatement à toute impulsion nerveuse; ceci facilite également la concentration mentale.

Une position incontrôlée au départ donnera un mouvement incontrôlé, ne faisant aucun bien. Nous décrirons en détail la position idéale pour la station debout (groupe 9); elle sera enseignée aux cours. Tous les mouvements qui commencent en station debout doivent partir de la position idéale. Cette position idéale tient évidemment compte des caractéristiques de l'anatomie de la femme; chez elle, les courbes de la colone vertébrale sont plus prononcées que chez l'homme, le bassin plus large, et le tronc plus long, proportionnellement aux jambes. La femme a tendance à cambrer exagérément la région lombaire, cambrure qui s'accentue encore pendant la grossesse. Nous expliquerons au chapitre suivant les désavantages d'une mauvaise posture.

PRATIQUE QUOTIDIENNE DES EXERCICES

Vous devez réserver 15 à 20 minutes pour votre séance quotidienne. Étant bien entraînée, vous pourrez naturellement travailler plus longtemps. Beaucoup de femmes éprouvent le besoin de se promener après l'exercice: l'état stimulé de leur organisme les fait profiter intensément de l'air frais. Elles respirent profondément et elles éprouvent un plaisir tout particulier à marcher légèrement et sans peine.

Rappelons que la gymnastique doit se faire dans une chambre à fenêtres largement ouvertes, ou, en hiver, dans une pièce qui vient d'être aérée.

Faite à jeun, au saut du lit, la gymnastique donne souvent une sensation de malaise. Il vaut donc mieux attendre d'avoir pris un léger déjeuner. Vous vous sentirez probablement plus à l'aise si vous faites les exercices quelques heures après le lever. Si votre appétit a besoin d'être stimulé, c'est avant les repas que vous les ferez. Si vous souffrez d'insomnie, le moment tout choisi pour votre séance est le soir, avant de vous coucher. Finissez par quelques mouvements de détente, que vous ferez au lit même; c'est le meilleur et le plus inoffensif des somnifères.

Choisissez l'heure qui vous convient le mieux et faites vos exercices tous les jours au même moment. Ainsi, il vous sera facile de respecter l'heure de votre séance et de la faire respecter par votre famille; mais il vous sera impossible de travailler consciencieusement si vous vous interrompez à la moindre distraction.

Voici quelques règles pour coordonner respiration et mouvement:

a) L'inspiration coïncide avec l'effort musculaire, l'extension de la colonne vertébrale et des articulations.

b) L'expiration et la pause coïncident avec la détente musculaire, la flexion de la colonne vertébrale et des articulations.

Certains exercices demandent un effort musculaire si minime qu'il n'est pas nécessaire de régler la respiration, par exemple les exercices des pieds. En ce cas, nous avons indiqué: respiration continue.

D'autres exercices demandent un effort musculaire continu et considérable, par exemple la marche. Il s'agit de bien régler le rythme de la respiration pour éviter l'essoufflement.

On est porté à croire que le phénomène de l'essoufflement est la conséquence d'un manque d'air, d'un manque d'oxygène. Au contraire, c'est l'air usé, la présence d'acide carbonique et d'autres produits de fatigue dans le sang qui provoquent ce malaise. Il faut donc apprendre à contrôler l'expiration et à ne pas retenir l'air inspiré.

Les effets nuisibles d'une vie trop inactive et trop sédentaire doivent être contrebalancés par la pratique régulière des exercices. La fatigue, conséquence d'une vie professionnelle ou ménagère trop exigeante pour vos forces, peut également être combattue. Menez-vous une vie sédentaire? Choisissez surtout des mouvements debout et en progression qui, en général, stimulent les grandes fonctions (voir plan A, à la fin du volume.) Durant la journée, avez-vous marché ou êtes-vous restée debout pendant de longues heures? Vous pratiquerez de préférence les exercices en station assise ou couchée et les mouvements de détente (voir plan B).

La séance quotidienne en elle-même n'est pas encore suffisante pour votre bien-être. L'exercice vous permettra de rester constamment consciente de votre tenue, de votre démarche, de votre respiration et de la détente pendant le repos. Il faut en arriver là. Le laisser-aller constitue une tentation très forte pendant la grossesse, mais dites-vous bien que pour acquérir de bonnes habitudes ce n'est que le premier effort qui coûte.

B. Exercices prénatals

GROUPE 1

EXERCICES POUR LES MUSCLES ABDOMINAUX

La sangle abdominale est formée par les muscles droits, les muscles obliques internes et externes et les muscles traversés. Ces muscles, pourvu qu'ils soient forts et élastiques, forment une merveilleuse gaine naturelle pour maintenir le contenu de la cavité abdominale: les viscères, l'utérus et ses annexes.

Les muscles abdominaux assurent la flexion du buste en avant, de côté et dans le sens oblique ainsi que la torsion de la taille. Ils contribuent aussi à l'élévation des jambes. Tous ces mouvements doivent être inclus dans l'entraînement.

Pendant et surtout à la fin de la grossesse, les muscles abdominaux sont soumis à une dure épreuve; ils seront étendus de près d'un tiers de leur longueur normale. Pour soutenir l'utérus alourdi et agrandi et pour fournir un travail efficace pendant l'accouchement, ces muscles doivent être aussi élastiques que forts. Il est très important de ne pas infliger de grands efforts aux muscles déjà distendus, car ils perdraient leur élasticité. Très souvent, des exercices trop durs sont enseignés, par exemple soulever les deux jambes en position couchée sur le dos ou encore s'asseoir en partant de la même position (le «sit-up»). Les muscles abdominaux étant incapables de fournir cet effort excessif, les jambes ou le tronc seront soulevés par un coup des reins qui resteront creux pendant tout le mouvement. Résultat: maux de dos et surextension des muscles du ventre.

Les femmes bien entraînées arrivent à contracter et à relâcher les muscles abdominaux jusqu'à la fin de leur grossesse et peuvent ainsi profiter de cet avantage au moment de l'accouchement. Sans cet entraînement, elles perdent facilement le contrôle de leurs muscles abdominaux au fur et à mesure que l'utérus gagne en volume. Elles ne peuvent plus relâcher ces muscles et souffrent d'une certaine tension de la paroi abdominale, tension qui pourrait aussi nuire à la progression rapide du travail.

L'abus des sports et des exercices qui ne comprennent pas de mouvements de détente peut être une cause d'hypertension chez celles qui y sont prédisposées. Toutefois, l'atonie des muscles se rencontre plus fréquemment que l'hypertension. En ce cas, les muscles ne peuvent contribuer suffisamment à l'explusion de l'enfant. Pendant la grossesse, l'utérus agrandi pèse contre la sangle et provoque parfois l'écartement des muscles droits. Cet écartement, appelé diastase, détruit définitivement le corset naturel des muscles.

Vers les derniers mois de la grossesse, quand la paroi abdominale est très étendue, des fibres de la peau et des tissus sous-cutanés peuvent se rompre. Ces petites déchirures, appelées vergetures, apparaissent comme des lignes roses d'abord et deviennent bleuâtres et plus larges. Les vergetures ne disparaissent pas complètement après l'accouchement et laissent de petites cicatrices blanches. Comme on ne peut les faire disparaître, il faut les prévenir dans la mesure du possible:

a) en soignant la posture (voir Groupe 9);

b) en tonifiant la paroi abdominale par des exercices;

c) en évitant les efforts nuisibles comme les exercices trop violents ou les mouvements trop fatigants (soulever des jeunes enfants, des objets lourds, etc.);

d) enfin, en soignant la peau.

SOINS DE LA PEAU

Au lit allongez-vous sur le dos, genoux pliés et pieds posés sur le matelas. Prenez une huile pure (huile d'amande douce ou crème grasse) et enduisez-en le ventre et les seins, les hanches et les cuisses, régions où les vergetures peuvent apparaître. La peau ayant tendance à se dessécher pendant la grossesse, il est sage de lui prodiguer ce surplus de corps gras, de préférence après le bain, moment où il sera le mieux absorbé.

Procédez ensuite au massage du ventre. En commençant au milieu, à la hauteur de l'estomac, et en travaillant vers le côté gauche, vous soulevez la peau et le tissu sous-cutané entre le pouce et l'index droits, en pinçant un peu. Au moment de relâcher, vous pincez la peau un peu plus vers l'extérieur entre le pouce et l'index gauches. En alternant, main droite, main gauche, faites quatre pincements de chaque main et recommencez au milieu, un peu plus bas. Travaillez ainsi tout le long du ventre, puis massez l'autre côté en allant du milieu vers la droite.

Ce procédé, en plus d'assouplir le tissus et de favoriser la circulation sanguine superficielle, vous évitera de ressentir des points de brûlure au niveau du ventre et des dernières côtes, sensation très désagréable provoquée par l'extension des tissus.

L'utilisation du gant de crin, à cause de son action irritante et desséchante, est à déconseiller, du moins pour l'abdomen et les seins.

Exercice I: Torsion du buste

Position de départ: Assise sur un tabouret, les pieds posés par terre, les bras croisés devant la poitrine, à la hauteur des épaules, placez chaque main ouverte sur le haut du bras opposé.

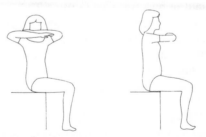

Mouvement: Tournez lentement le buste à droite. Le mouvement est accompli par les muscles du tronc, surtout les muscles transversaux de l'abdomen — inspiration. Revenez lentement à la position de départ — expiration.

Répétition: 4 à 6 fois de chaque côté.

Variation: En tournant le buste à droite, étendez la jambe droite — vous tournez vers le côté de la jambe allongée — inspiration. Ramenez le buste en avant en posant simultanément le pied par terre — expiration.

Répétition: 4-6 fois de chaque côté.

Exercice II: Élévation et abaissement d'une jambe

Position de départ: Couchée sur le dos, le genou gauche fléchi, la jambe droite levée verticalement.

Mouvement: Abaissez la jambe droite; elle est tendue mais pas raidie et comme suspendue aux muscles abdominaux — expiration. Remontez la jambe par la contraction des muscles abdominaux — inspiration. Baissez la jambe jusqu'au ras du sol, pourvu que votre région lombaire adhère au sol, sinon, descendez la jambe moins bas.

Répétition: 6-12 fois. Changez de jambe après 2 ou 3 mouvements.

Exercice III: Jambe courte, jambe longue

Position de départ: Tout le dos appuyé au mur, le poids du corps repose sur la jambe droite. Le pied gauche est posé en avant, sans poids.

Mouvement: Ramenez la jambe gauche par la contraction des muscles abdominaux; le pied quitte le sol. Soulevez la jambe un peu — inspiration. Baissez la jambe toujours tenue courte, puis posez le pied par terre — expiration.

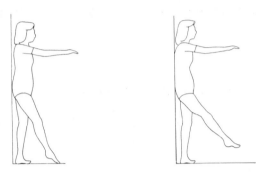

Répétition: 8 fois. Changez de jambe après 2 mouvements.

Variation: Couchée sur le dos, genou gauche plié et pied au sol, jambe droite allongée. Même mouvement.

Exercice IV: Souplesse du dos et travail des muscles abdominaux

Position de départ: Assise, très droite, la jambe droite allongée, genou gauche plié, les doigts du pied gauche appuyés contre le talon droit, les mains croisées sous la cuisse gauche.

Mouvement: Laissez-vous glisser en arrière, dos rond jusqu'à ce que les coudes soient étendus — expiration. Remontez à la position de départ — inspiration.

Autre position de départ: Assise, les jambes allongées, les mains posées par terre à côté du corps.

Répétition: 4-8 fois. Changez de jambe après 2 mouvements.

Variation: Les jambes allongées, laissez-vous glisser obliquement en arrière; l'épaule droite se rapproche du sol — expiration. Remontez à la position de départ — inspiration. Changez de côté pour chaque mouvement. Descendez très peu d'abord et un peu plus loin ensuite. Vous ne devez pas forcer pour remonter.

Exercice V: Soulèvement de la tête

Position de départ: Couchée sur le dos, genoux pliés et pieds posés, les mains croisées sous la tête.

Mouvement: Contractez fortement les muscles abdominaux puis levez la tête à l'aide des bras. Vous devez voir vos genoux — expiration. Revenez à la position de départ — inspiration. (Vous devez expirer au moment de l'effort et inspirer en revenant à la position de départ).

Répétition: 4-8 fois.

Variation: En soulevant la tête, élevez une jambe étendue mais pas raidie; reposez-la en vous recouchant. Élevez la jambe obliquement sans forcer en hauteur.

GROUPE 2

EXERCICES POUR LES MUSCLES DU PÉRINÉE

Le bassin, comme le dit son nom, est un récipient qui est formé à l'arrière et sur les côtés par une paroi osseuse (sacrum et os iliaque), en avant et en bas par les os pubiques qui font partie de l'os iliaque et en avant et en haut par la sangle abdominale. Le récipient contient l'utérus et ses annexes, les intestins et la vessie. Son fond est formé par un hamac de muscles disposés en couches superposées et se dirigeant dans différentes directions, ce qui augmente sa force.

C'est cet ensemble de muscles qui constitue le périnée. Il a la forme d'une coupole étroite et convexe qui supporte en partie le poids de l'utérus. Une faiblesse du périnée peut être une cause d'inconfort et de fatigue.

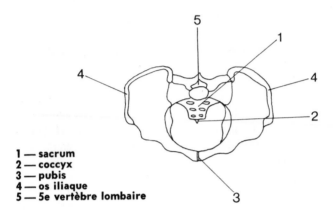

1 — sacrum
2 — coccyx
3 — pubis
4 — os iliaque
5 — 5e vertèbre lombaire

Ce fond, de l'arrière à l'avant, comprend l'orifice des intestins: l'anus, l'orifice du vagin, la vulve et l'orifice du tube venant de la vessie: l'urètre. Deux muscles annulaires entourent les orifices: un muscle appelé sphincter entoure l'anus et un autre la vulve et l'orifice de l'urètre. En se contractant, les sphincters ferment les orifices et en se relâchant, ils leur permettent de s'ouvrir.

Beaucoup de femmes ignorent même l'existence des muscles du périnée et rares sont celles qui en ont pris conscience. Pourtant, il est très important de contrôler les muscles du périnée pour bien réussir l'expulsion de l'enfant.

D'habitude, l'ensemble des muscles qui forment le «fond du bassin» est appelé le périnée. Mais on désigne comme périnée proprement dit la partie qui se trouve entre la valve et l'anus. C'est cette partie qui est exposé à un maximum d'extension pendant le passage de l'enfant.

L'infiltration d'une hormone de grossesse provoque le relâchement des muscles du périnée et permet leur extension. Tout porte à croire que les exercices pratiqués en augmentent encore l'élasticité. Une incision dans le périnée est appelée une épisiotomie. Elle peut être médiane ou médio-latérale. C'est au médecin que revient la décision de pratiquer ou non une épisiotomie afin d'éviter une éventuelle déchirure ou une extension excessive du périnée. Une incision linéaire bien réparée comporte peu d'inconfort en comparaison d'une déchirure dentelée.

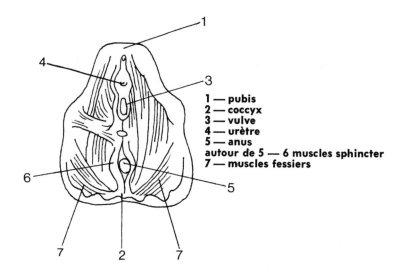

1 — pubis
2 — coccyx
3 — vulve
4 — urètre
5 — anus
autour de 5 — 6 muscles sphincter
7 — muscles fessiers

Les muscles du périnée doivent retrouver leur longueur normale après une très grande extension. Leur tonicité, c'est-à-dire leur capacité de contraction et d'extension est donc essentielle pour que les muscles puissent à nouveau remplir leur rôle de support. La faiblesse du périnée peut occasionner de graves inconforts et même des descentes de l'utérus et de la vessie. Les affections autrefois si fréquentes sont bien rares aujourd'hui.

On conseille souvent à la future maman de rester en station accroupie pendant un certain temps, par exemple pour éplucher les légumes. C'est vrai, le périnée est bien étendu dans cette position, mais la forte flexion des genoux et des hanches retarde le reflux du sang des membres inférieurs. Les futures mamans qui souffrent de varices ou qui sont prédisposées à en souffrir trouveront la position accroupie fort incommode. L'exercice suivant étend le périnée sans fatiguer les jambes.

Exercice I: Mouvement de ressort des genoux

Position de départ: Debout, jambes écartées, les doigts des pieds pointant en avant. Des deux mains, tenez le bord d'un meuble lourd ou d'une balustrade solide.

Mouvement: Laissez-vous glisser en arrière, jusqu'à ce que les coudes soient étendus et que le corps forme une ligne oblique. Pliez les genoux en arrondissant le dos, comme pour vous asseoir par terre sur les talons. Faites un mouvement de ressort dans les genoux — expiration. Remontez à la position de départ à l'aide des bras — inspiration.

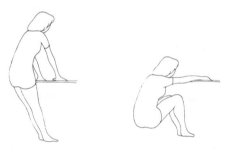

Répétition: 4-8 fois.

Variation: Pliez les genoux comme décrit, puis amenez le poids du corps alternativement sur la jambe droite et la jambe gauche. Remontez le poids du corps sur les deux jambes.

Répétition: 4-6 fois.

Exercice II: Déplacement latéral du poids du corps

Position de départ: Debout, les jambes écartées, le poids du corps repose sur la jambe gauche, genou gauche plié et bras écartés latéralement.

Mouvement: Portez le poids du corps alternativement sur la jambe droite et la jambe gauche. Le genou qui supporte le poids est plié, l'autre étendu. Vous vous déplacez en ligne horizontale. Respiration continue.

Répétition: 6-12 fois.

Variation: Pliez le genou droit en portant le poids du corps sur la jambe droite — expiration. Étendez lentement le genou droit et contractez les muscles fessiers, les mucles du périnée et les muscles adducteurs de la cuisse. Par cette contraction, ramenez la jambe gauche. Elle rejoint la jambe droite quand celle-ci est étendue — inspiration. Écartez la jambe gauche en faisant un grand pas de côté et relâchez les muscles préalablement contractés.

Répétition: 4-8 fois.

Exercice III: Extension du périnée
avec détente des jambes

Position de départ: Couchée sur le dos; les genoux pliés, bien écartés et détendus se trouvent de chaque côté du ventre. Les mains sont posées à l'intérieur des cuisses.

Mouvement: Étendez le genou droit; la main retient la cuisse en place — inspiration. Pliez le genou; le mollet fait ressort sur la cuisse — expiration.

Répétition: 12-16 fois en alternant les jambes.

Exercice IV: Le berceau

Position de départ: Assise par terre, genoux pliés et écartés, les plantes des pieds posées l'une contre l'autre. Les coudes appuyés contre l'intérieur des genoux, les mains tiennent les chevilles.

Mouvement: Écartez les genoux le plus possible en petits mouvements saccadés. Les coudes aident à écarter les genoux. Quand les genoux sont écartés au maximum, balancez alternativement à droite et à gauche pour toucher le sol avec le genou. Respiration continue. Remontez le genou contre le coude.

Répétition: 8-12 fois.

Exercice V: Extension du périnée avec assouplissement du dos

Positition de départ: À quatre pattes, les genoux écartés, les pieds joints, le poids du corps réparti sur les bras et les jambes, le dos droit.

Mouvement: Arrondissez le dos et asseyez-vous sur les talons en faisant un mouvement de ressort dans les genoux — expiration. Revenez à la position de départ — inspiration. Augmentez peu à peu l'écart des genoux.

Répétition: 6-12 fois.

GROUPE 3

EXERCICES POUR LE MAINTIEN DU BASSIN ET LA MOBILITÉ DE LA PARTIE INFÉRIEURE DE LA COLONNE VERTÉBRALE

Pour maintenir le bassin en bonne position, il est nécessaire de contracter les muscles fessiers qui le tirent en bas et en arrière et le font basculer en haut et en avant. Ces muscles sont facilement contractés en synergie avec les muscles abdominaux et c'est la légère contraction de ces deux groupes musculaires qui assure le maintien du bassin, condition de base d'une bonne tenue (voir description de la tenue idéale, Groupe 9). Il est difficile de trouver le secret du bon maintien du bassin en station debout; il est plus aisé de l'apprendre d'abord couchée sur le dos.

La future maman sera peut-être surprise de devoir pratiquer des mouvements qui incluent la cambrure exagérée des reins, puisque, à maintes reprises, elle a appris que cette position lui était nuisible. Il ne s'agit jamais de maintenir cette position, mais toujours d'alterner: reins cambrés, reins arrondis. Ce changement d'une position à l'autre mobilise la région lombaire; sa raideur cause souvent des maux au bas du dos, si caractéristiques pendant la grossesse. Ils disparaissent presque toujours comme par enchantement dès que vous pratiquez régulièrement ces mouvements et acquérez une meilleure posture.

EXERCICES POUR LE MAINTIEN DU BASSIN

Exercice I: Bascule du bassin

Position de départ: Couchée sur le dos, genoux et pieds posés par terre, les bras le long du corps.

Mouvement: En contractant les muscles fessiers pressez les reins contre le sol aussi fortement que possible. Imaginez une ligne traversant le bassin dans le sens horizontal, en passant par les articulations des hanches. Le bassin doit basculer en avant autour de cet axe avec la contraction des muscles fessiers. Les muscles du ventre se contractent simultanément et le ventre s'aplatit. Vous avez alors l'impression d'avoir le dos long et droit et le ventre court et (relativement) plat — inspiration. Relâchez les muscles fessiers et abdominaux; les reins se creusent comme un tunnel par lequel vous pouvez passer votre main, le ventre remonte — expiration.

Thorax et épaules restent immobiles. Pour contrôler votre mouvement, placez les pouces sur les dernières côtes et les petits doigts sur les crêtes iliaques. Avec la contraction, les petits doigts se rapprochent des pouces — ventre court — avec le relâchement ils s'en éloignent — ventre long.

Répétition: 4-8 fois.

Variation: Contractez les muscles fessiers et abdominaux. Pressez les reins contre le sol, puis allongez lentement une jambe après l'autre, en glissant les pieds par terre sans permettre aux reins de se détacher du sol — inspiration. Relâchez muscles fessiers et abdominaux; les reins se détachent du sol, les jambes un peu éloignées l'une de l'autre se relâchent, pieds et genoux se tournent vers l'extérieur — expiration. Contractez à nouveau muscles fessiers et abdominaux, genoux et pieds tournés vers le haut, pliez les genoux l'un après l'autre en glissant les pieds par terre pour retourner à la position de départ — inspiration. Relâchez — expiration.

Répétition: 4-8 fois.

Exercice II: Soulèvement du bassin

Position de départ: Couchée sur le dos, genoux pliés et pieds posés par terre, les bras le long du corps.

Mouvement: Contractez fortement les muscles fessiers et abdominaux comme décrit pour l'exercice I, puis soulevez lentement le bassin en déroulant vertèbre après vertèbre, juqu'à ce que le corps forme une ligne oblique des épaules aux genoux — inspiration. Revenez très lentement à la position de départ en touchant le sol d'abord avec le haut du dos, les reins et enfin le bassin — expiration.

Répétition: 4-8 fois.

Variation: Soulevez le bassin comme décrit — inspiration. Déplacez le bassin à droite et posez-le par terre, votre corps formant un demi-cercle — expiration. Remontez le bassin et posez-le à gauche.

EXERCICES POUR LA MOBILITÉ DE LA RÉGION LOMBAIRE

Exercice III: Assouplissement du dos avec extension d'une jambe

Position de départ: À quatre pattes, appuyée sur les mains et les avant-jambes, doigts de pieds allongés. Les mains placées sous les épaules, coudes légèrement pliés; les genoux un peu écartés, les cuisses en position verticale, tête et dos forment une ligne droite; les omoplates sont ramenées vers la colonne vertébrale.

Mouvement: Étendez la jambe droite. Posez les doigts de pieds par terre, le plus en avant possible, le genou complètement étendu. Poussez plusieurs fois le talon en arrière, comme pour lui faire toucher le sol. Sentez l'extension de la jambe — inspiration. Pliez le genou droit et ramenez-le sous le ventre, le pied étendu. Baissez la tête et arrondissez le dos — expiration.

Répétition: 4-8 fois.

Exercice IV: Mouvement du bassin en rond

Position de départ: Comme pour l'exercice III.

Mouvement: Commencez par arrondir les reins comme décrit à l'exercice III, puis asseyez-vous en arrière sur les talons — expiration. Pliez les coudes et aplatissez le dos en portant le poids du corps en avant, sur les bras, comme si vous passiez en-dessous d'un tunnel. Étendez à nouveau les coudes pour revenir à la position de départ — inspiration. Vous aurez ainsi décrit un cercle. Ce mouvement fait penser à celui d'une machine.

Faites cet exercice lentement et d'une manière très continue. Évitez de trop vous étirer vers l'avant; les cuisses ne doivent jamais dépasser la ligne horizontale.

Répétition: 4-6 fois.

Exercice V: Assouplissement de la région lombaire, debout

Position de départ: Debout, la main gauche appuyée contre le mur à la hauteur de l'épaule; le genou droit est soulevé en avant, le genou gauche est un peu plié et le bras droit est levé en avant.

Mouvement: Amenez la jambe droite en arrière et posez la pointe du pied par terre; redressez-vous et écartez le bras droit — inspiration. Revenez à la position de départ — expiration.

Répétition: 12 fois. Changez de jambe après 3 mouvements.

Exercice VI: Région lombaire contre le mur

Position de départ: Debout, les talons à un pied du mur. Posez les mains contre les reins, dos bien étendu.

Mouvement: En pliant un peu les genoux, arrondissez le bas du dos sans contracter les muscles abdominaux — expiration. Touchez au mur avec les mains seulement. Remontez à la position de départ — inspiration.

Répétition: 6-12 fois.

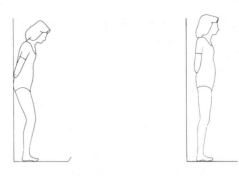

GROUPE 4

EXERCICES POUR LE DOS

Plus le volume de l'utérus augmente, plus la future maman a tendance à cambrer les reins et à pencher le buste en arrière. Il est pénible de regarder les futures mamans qui se laissent aller dans cette tenue inconfortable et fatigante qui entraîne forcément une démarche disgracieuse. Pour l'éviter, il s'agit de fortifier les muscles dorsaux pour qu'ils puissent soutenir le thorax verticalement au-dessus du bassin et aussi de les assouplir en même temps que la colonne vertébrale.

EXERCICES EN VUE DE FORTIFIER LES MUSCLES DU DOS

Exercice I: Effort des muscles dorsaux, à quatre pattes

Position de départ. À quatre pattes, les coudes un peu fléchis, les doigts tournés vers l'intérieur, le dos étendu horizontalement, nuque et tête en ligne droite avec le dos.

Mouvement: Écartez lentement un bras, en angle droit avec le corps — inspiration. Reposez la main par terre — expiration. Faites le même mouvement avec l'autre bras. Alternez ainsi le bras droit et le bras gauche et veillez à ce que le dos reste toujours horizontalement étendu.

Répétition: 6-12 fois.

Variation: Détachez lentement les deux mains du sol et écartez les bras latéralement. Veillez à ce que le dos reste étendu. Asseyez-vous très peu en arrière — inspiration. Reposez doucement les mains — expiration.

Exercice II: Fortifier les muscles du dos à genoux

Position de départ: À genoux, cuisses et corps forment une ligne droite; les muscles fessiers sont bien contractés et les bras écartés latéralement.

Mouvement: Penchez lentement le tronc en avant, les articulations des hanches servant de charnières. Les cuisses restent en position verticale, le dos bien droit, les bras forment toujours un angle droit avec le corps — inspiration. Vous devez relâchez peu à peu la contraction des muscles fessiers pour descendre et les contracter à nouveau pour remonter — expiration.

En descendant, vous avez l'impression de vous pencher dans le vide, comme un plongeur sur un templin. S'il vous arrivait de basculer en avant, vous mettriez d'instinct les mains par terre pour ne pas tomber sur le nez.

Répétition: 4-8 fois.

Variation: Combinez cet exercice avec l'exercice III, Groupe 9. À genoux, penchez-vous en arrière, les genoux servant de charnières; remontez et penchez le tronc en avant, les hanches servant à leur tour de charnières; remontez et continuez.

Répétition: 4-8 fois.

Exercice III: Fortifier les muscles dorsaux, debout

Position de départ: Debout en tenue idéale, les bras tendus le long du corps, les mains en angle droit avec les bras, doigts en avant, pressez les paumes fortement vers le bas.

Mouvement: Les articulations des hanches servant de charnières et en relâchant progressivement la contraction des muscles fessiers, penchez le tronc en avant — inspiration. Le dos bien étendu forme une ligne droite avec la tête et la nuque et les bras restent parallèles au corps. Le poids du corps doit rester au-dessus des voûtes des pieds et ne pas glisser sur les talons. Remontez à la position de départ — expiration.

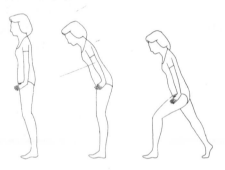

Répétition: 4-8 fois.

Variation: Le poids du corps repose sur la jambe gauche, le pied droit est posé en avant, sans supporter de poids.

Penchez le tronc en avant comme décrit et portez le poids du corps sur la jambe droite, le jambe gauche étant étendue dans le prolongement du corps — inspiration. Remontez à la position de départ — expiration.

Répétition: 4 fois, puis changez de jambe.

EXERCICES EN VUE D'ASSOUPLIR LE DOS

Exercice IV: Assouplissement du dos avec extension des muscles pectoraux

Position de départ: Assise par terre, posez les jambes du côté gauche du corps. Les genoux sont pliés, la plante du pied droit est appuyée contre la cuisse gauche. Placez les mains par terre, de chaque côté du genou droit. Le buste est tourné obliquement au-dessus de la cuisse droite. La tête détendue, le menton repose sur la poitrine.

Mouvement: Repoussez vos mains du sol. En vous redressant, levez la tête et amenez les bras en arrière, épaules bien effacées, les paumes tournées vers l'avant — inspiration. Retombez à la position initiale, dos arrondi, menton sur la poitrine — expiration.

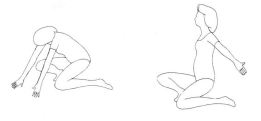

Répétition: 4-6 fois de chaque côté.

Variation: *a):* Amenez alternativement bras droit et bras gauche en arrière en laissant l'autre main appuyée au sol; tournez le buste et la tête du côté du bras qui est à l'arrière.

Variation *b):* Amenez les bras en arrière comme décrit. Conduisez-les en haut en effaçant les épaules le plus possible — inspiration. Baissez les bras en avant et revenez à la position de départ — expiration. Vous aurez décrit un grand cercle. Exécution lente.

Répétition: 4-6 fois.

Exercice V: L'entonnoir

Position de départ: Assise, jambes croisées, les mains légèrement appuyées sur les genoux, les coudes soulevés et le dos droit.

Mouvement: Amenez le buste horizontalement à droite et en avant — inspiration, puis à gauche et en arrière — expiration. Penser à la forme d'un entonnoir vous aide à maintenir le dos très droit et à porter la tête bien haut.

Répétition: 8 fois. Changez de direction après 4 cercles.

Exercice VI: Flexion avant avec balle

Position de départ: Debout, jambes écartées, les muscles fessiers restent contractés pendant tout l'exercice. Posez une balle dans le creux des mains, doigts croisés.

Mouvement: Imaginez que la balle soit très lourde; elle vous tire en avant et en bas. Inclinez la tête en avant, les bras pendant verticalement, jusqu'à ce que les mains se trouvent à la hauteur des genoux — expiration. Remontez lentement — inspiration. Autre position. Remontez lentement — inspiration. Autre position de départ: jambes jointes.

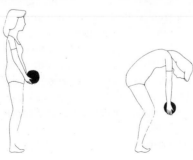

Répétition: 4-8 fois.

Variation: Penchez-vous vers l'avant, obliquement, le genou droit plié — remontez; même mouvement vers la gauche — remontez.

Exercice VII: Flexion latérale

Position de départ: Debout, les jambes écartées, les bras pendant le long du corps.

Mouvement: Laissez tomber la tête latéralement à droite comme si elle devenait trop lourde. L'oreille tombe vers l'épaule. Le poids de la tête et du bras droit tire le buste latéralement en bas. Vous devez contracter les muscles fessiers pour immobiliser le bassin — expiration. Remontez lentement à la position de départ puis, sans marquer de temps d'arrêt, tombez à gauche — expiration et continuez. Pour rester dans le plan latéral, imaginez-vous être coincée entre deux murs qui vous empêcheraient de vous pencher en avant ou en arrière.

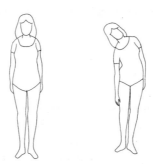

Répétition: 4-8 fois de chaque côté.

GROUPE 5

EXERCICES POUR LES MUSCLES PECTORAUX

Les muscles pectoraux sont des muscles d'une grande étendue. Ils partent des côtes en forme d'éventail et vont vers le haut du bras pour s'y insérer. Rétrécis, les muscles pectoraux tirent les épaules vers l'avant, arrondissent le dos et ne soutiennent pas les seins. Alors la tenue n'est pas dégagée et la respiration n'est pas ample. Presque tous les gestes de la vie quotidienne amènent les bras en avant et font arrondir le dos. Il faut donc beaucoup d'exercices pour étendre et tonifier les muscles pectoraux pour qu'ils puissent contribuer au bon maintien du buste.

Pendant la grosesse et l'allaitement, les muscles pectoraux, forts et élastiques, prennent une importance spéciale pour maintenir en place les seins alourdis.

Il est très important de porter un soutien-gorge qui soutienne et sépare les seins et cela dès le début de la grossesse. Ne vous contentez pas de votre marque habituelle, ni d'une pointure plus grande. Portez un soutien-gorge de maternité ou, à défaut d'un tel modèle, un soutien-gorge de nourrice.

EXERCICES POUR LES MUSCLES PECTORAUX PAR OPPOSITION AUX MUSCLES DORSAUX

Exercice I: Bras court, bras long

Position de départ: Assise très droite, la main gauche posée sur le genou gauche, le bras droit levé horizontalement en avant, paumes en bas.

Mouvement: Tirez le bras droit en avant; l'omoplate s'éloigne de la colonne vertébrale — expiration. Ramenez le bras en arrière; l'omoplate se rapproche de la colonne vertébrale — inspiration. Veillez à ne pas arrondir le dos pendant le mouvement en avant.

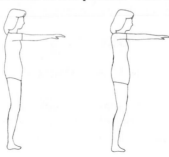

Répétition: 16 fois. Changez de bras après 4 mouvements.

Variation: Amenez les deux bras en arrière et écartez-les lentement comme si vous aviez une résistance à vraincre. Ramenez-les devant le corps, en imaginant une résistance — inspiration lente, puis laissez-les glisser en avant, bras long — expiration. Relâchez après chaque mouvement.

Exercice II: Paume contre paume

Position de départ: Assise soit par terre, les jambes croisées, soit sur un tabouret, les pieds au sol. Dos droit. Les bras levés à la hauteur des épaules, les mains forment un angle droit avec les avant-bras; les paumes sont appuyées l'une contre l'autre et les doigts dirigés vers le haut.

Mouvement: En pressant toujours fortement les paumes l'une contre l'autre, tournez les mains vers vous — les doigts pointent vers la poitrine — inspiration. Revenez à la position de départ — expiration. Tournez les mains vers l'extérieur — inspiration. Revenez à la position de départ. L'efficacité de ce mouvement dépend de la force avec laquelle vous pressez les mains l'une contre l'autre.

Répétition: 4-8 fois.

Exercice III: Extension des muscles pectoraux et redressement du dos

Position de départ: Assise, jambes croisées, dos appuyé au mur et les bras étendus obliquement en bas, paumes tournées en avant.

Mouvement: Montez les bras le long du mur et levez-les tant qu'il vous est possible de les faire toucher au mur — inspiration. Revenez à la position de départ en glissant les bras le long du mur — expiration.

Répétition: 8 fois. Après 4 mouvements, croisez l'autre jambe en avant.

Exercice IV: Assouplissement des muscles pectoraux et du haut du dos

Position de départ: Assise sur un tabouret, dos bien droit, le bras droit écarté latéralement. Une balle repose sur la paume.

Mouvement: Sans serrer la balle, tournez le bras autour de son axe de façon à ce que coude et paume regardent en haut; le dos s'arrondit légèrement — expiration. Revenez à la position de départ — inspiration.

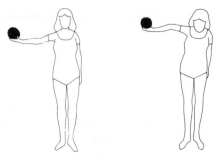

Répétition: 16 fois. Changez de côté après 4 mouvements.

Variation: Même mouvement avec les deux bras, sans balle.

Exercice V: Détente des muscles pectoraux et des bras

Position de départ: Couchée sur le dos, une jambe allongée, l'autre genou plié et le pied posé par terre. Les bras sont écartés latéralement, paumes tournées vers le haut.

Mouvement: Soulevez les bras détendus un peu au-dessus du sol, en contractant les muscles pectoraux. Gardez-les un moment à la même hauteur — inspiration. Laissez retomber les bras par terre en détendant les muscles perctoraux — expiration.

Répétition: 8-12 fois.

Variation a): Faites monter les bras verticalement en contractant les muscles pectoraux — inspiration. Laissez retomber les bras par terre — expiration. C'est d'abord le haut des bras qui touche le sol, les avant-bras ensuite et finalement le dos des mains.

Répétition: 8-12 fois.

Variation b): Montez les bras tel que décrit. Laissez-les retomber dans différentes directions. Remontez les bras à la position d'où ils sont tombés. Changez de direction chaque fois.

GROUPE 6

EXERCICES POUR LES HANCHES ET LES CUISSES

Pendant la grossesse, l'organisme a une tendance prononcée à accumuler de la graisse. Un surplus de poids devient gênant pendant la gestation et pendant l'accouchement; de plus, il est difficile de le faire disparaître après la naissance de l'enfant. En s'alourdissant trop, la femme enceinte développe une aversion contre toute activité physique et ses fonctions vitales sont amoindries. Les médecins veillent de plus en plus à ce que le poids de la femme enceinte reste «sous contrôle».

Puisque la femme enceinte a tendance à grossir des hanches et des cuisses, les exercices suivants sont choisis pour empêcher cet empâtement disgracieux. Ils visent également à assouplir les articulations des hanches, dont une grande mobilité est en effet indispensable pour que la parturiente puisse maintenir sans inconfort la position sur la table d'accouchement.

Exercice I: Balancement de la jambe en dedans et en dehors, en position couchée

Position de départ: Couchée sur le dos, bras écartés, paumes contre le sol. La jambe gauche allongée par terre, la jambe droite levée à un pied au-dessus du sol.

Mouvement: Balancez la jambe droite vers l'intérieur au-dessus de la jambe gauche — expiration. Balancez-la vers l'extérieur en la maintenant toujours à la même hauteur — inspiration. Continuez ce mouvement sans marquer de temps d'arrêt et en tournant la jambe au niveau de la hanche, de manière à ce que le genou soit toujours tourné dans la direction du balancement. La région lombaire doit rester appuyée contre le sol.

Répétition: 8-16 fois. Changez de jambe après 4 balancements.

Exercice II: Assouplissement des hanches

Position de départ: Couchée sur le dos, jambes allongées, les bras écartés, paumes contre le sol.

Mouvement: Pliez le genou droit et montez-le au ras du sol pour l'approcher le plus possible du coude droit. Sans marquer d'arrêt, étendez le genou — inspiration. Ramener la jambe étendue, le genou tourné vers le haut — expiration. Veillez à ce que le dos reste entièrement appuyé contre le sol.

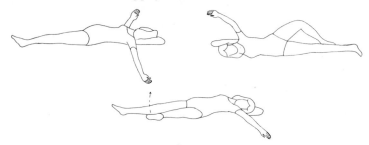

Répétition: 4 fois chaque jambe ou 8 fois en alternant droite et gauche.

Variation   a): Couchée sur le dos, jambes allongées, pliez le genou droit et amenez-le au ras du sol le plus près possible du coude. De la même manière, pliez le genou gauche — les plantes des pieds se touchent, genoux écartés au maximum — inspiration. Étendez la jambre droite, puis la gauche — expiration et recommencez.

Répétition: 4 fois en commençant par la jambe gauche.

Variation   b): Assise par terre, les mains appuyées derrière les hanches, même mouvement. Alternez avec l'exercice IV, Groupe 2.

Exercice III: Tournez la jambe autour de son axe

Position de départ: Debout, les bras détendus le long du corps, le pied droit posé en avant, sans poids.

Mouvement: Soulevez un peu la jambe droite et tournez-la vers l'intérieur; laissez retomber le pied par terre. Soulevez-la un peu et tournez-la vers l'extérieur; laissez-la retomber par terre. Faites ce mouvement sans arrêt, sans raidir la jambe. Respiration continue.

Répétition: 16 fois. Changez de jambe après 4 mouvements.

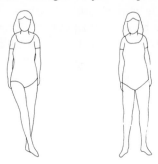

Exercice IV: Souplesse des hanches et extension des jambes

Position de départ: Assise bien droite au bord de la chaise les bras détendus le long du corps.

Mouvement: Étendez la jambe droite en poussant le talon en avant — inspiration. Revenez à la position de départ, puis écartez la jambe — expiration. Étendez la jambe de côté en poussant le talon en avant — inspiration. Reposez le pied latéralement et ramenez la jambe en avant, à la position de départ — expiration.

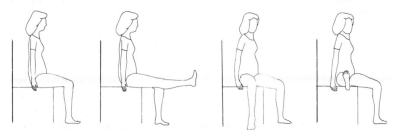

Répétition: 8 fois. Changez de jambe après un ou deux mouvements.

Exercice V: Extension latérale de la cuisse

Position de départ: Debout, la main droite appuyée contre un mur. Le poids du corps repose sur la jambe droite; la pointe du pied gauche est posée en avant sans poids. Le bras gauche est écarté latéralement.

Mouvement: Levez le genou gauche en avant, puis écartez la jambe. La cuisse reste horizontalement levée — inspiration. Ramenez la jambe en avant et baissez-la pour revenir à la position de départ — expiration. Exécution lente; veillez à ne pas déplacer le bassin.

Répétition: 8-12 fois. Changez de jambe après chaque mouvement.

GROUPE 7

EXERCICES POUR LES JAMBES

L'utérus, en augmentant de volume, exerce une pression accrue sur les vaisseaux qui assurent le reflux du sang des membres inférieurs. À cet obstacle d'ordre mécanique s'ajoutent des causes d'ordre physiologique qui rendent difficile la circulation du sang dans les jambes: le volume du sang, augmenté pendant la grossesse, s'accumule dans les membres inférieurs. Les parois des veines perdent alors de leur élasticité et les valvules, qui ont pour fonction de s'ouvrir et de se refermer rythmiquement avec chaque montée de sang vers le coeur, ne remplissent plus parfaitement leur fonction. C'est ainsi que se forment les varices. La pratique régulière des exercices et l'observation de certaines mesures de prévention peuvent souvent en éviter l'apparition et, si elles existent déjà, empêcher que leur état ne s'aggrave. Les varices disparaîtront probablement après la naissance du bébé.

Les exercices de détente et d'extension facilitent le reflux du sang; ils aident à délasser les jambes, à prévenir leur enflure et même les crampes musculaires si douloureuses dans les mollets. Si vous en souffrez, pratiquez ces exercices de détente au lit, avant de vous endormir. Les exercices de balancement sont excellents pour prévenir les crampes au niveau des cuisses, des hanches et des fesses.

Exercice I: Tapotement des mollets

Position de départ: Assise par terre, les jambes allongées, le buste penché un peu en arrière, prenez appui sur les mains.

Mouvement: Sans détacher le talon du sol, pliez très peu le genou droit. Laissez le genou s'étendre mollement, la cuisse et le mollet s'aplatissant contre le sol. Faites ce mouvement assez rapidement pour obtenir l'effet d'un léger tapotement des muscles du mollet détendus contre le sol.

Répétition: 10 à 20 secondes environ pour chaque jambe.

Variation   a): Même mouvement, jambes droite et gauche alternent en succession rapide.

Variation   b): Faites ce mouvement simultanément avec les deux jambes, tout en les écartant et en les rapprochant; les talons glissent par terre.

Exercice II: Détente des genoux et des hanches, jambes surélevées

Position de départ. Couchée sur le dos, les talons sur un tabouret, les bras le long du corps ou les mains posées sous les fesses, paumes en bas.

Mouvement: Laissez tomber le genou droit vers le ventre (ou sur le côté du ventre si votre grossesse est avancée). Le mollet tombe sur la cuisse et un mouvement de ressort dans le genou s'ensuit — expiration. Étendez la jambe d'une façon souple et reposez le talon sur le tabouret — inspiration.

Répétition: 4 fois avec chaque jambe.

Variation   a): Levez la jambe droite verticalement. Elle doit être étendue mais pas tendue. Décrivez 4 petits cercles avec la jambe en respirant continuellement.

Répétition: 4 fois en alternant les jambes.

Variation   b): Levez la jambe droite verticalement. Pliez et étendez le pied sans fléchir le genou. Respiration continue.

Répétition: 8 fois avec chaque jambe.

Exercice III: Extension et détente des jambes

Position de départ: Couchée sur le dos, genou gauche plié et pied au sol. Le genou droit plié, détendu sur le ventre, les bras le long du corps ou, pour plus de facilité, les mains sous les fesses.

Mouvement: Étendez la jambe droite; immobilisez-la un moment en position verticale — inspiration. Pliez le genou; le mollet fait ressort sur la cuisse — expiration.

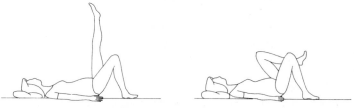

Répétition: 4 fois avec chaque jambe.

Variation: Étendez la jambe obliquement vers l'extérieur et laissez retomber le genou vers le ventre.

EXERCICES DE BALANCEMENT

Exercice IV: Balancement de l'avant-jambe

Position de départ: Debout sur la jambe droite, la cuisse gauche levée horizontalement, genou et pied détendus, une main appuyée au mur.

Mouvement: Balancez le genou gauche d'avant en arrière, sans déplacer la cuisse. Donnez un petit élan du genou droit pour le balancement en avant.

Répétition: 8 fois chaque genou.

Variation: Levez un peu la cuisse droite, genou plié et détendu. Baissez la cuisse aussitôt, laissez glisser le pied sur le sol et remontez la cuisse — pensez à un petit cheval impatient.

Exercice V: Balancement de la jambe d'avant en arrière

Position de départ: Debout, appuyez la main droite contre le mur, à la hauteur de l'épaule et soulevez le bras gauche latéralement. Levez la jambe gauche un peu en arrière.

Mouvement: Balancez la jambe gauche continuellement d'avant en arrière. Donnez un élan pour balancer la jambe en avant en pliant un peu le genou droit. Le bas du dos s'arrondit.

Répétition: 16 fois. Changez de jambe après 4 mouvements.

Exercice VI: Balancement latéral de la jambe

Position de départ: Voir exercice V. La jambe gauche levée latéralement sous le bras écarté.

Mouvement: Balancez la jambe continuellement de l'intérieur vers l'extérieur. Donnez un élan pour monter la jambe mais ne faites pas d'effort pour la monter très haut. Pliez un peu le genou de la jambe sur laquelle vous vous tenez debout.

Répétition: 16 fois. Changez de jambe après 4 fois.

Variation: En progression. Balancez la jambe droite de l'intérieur vers l'extérieur. Faites un grand pas latéral. Au moment de poser le pied, pliez un peu le genou. Ramenez la jambe gauche, puis soulevez aussitôt la jambe droite vers l'extérieur pour prendre un nouvel élan.

Exercice VII: Balancement en cercle

Position de départ: Debout sur la jambe droite, la main droite appuyée contre le mur. Le pied gauche est posé latéralement sur la pointe du pied, sans poids.

Mouvement: Décrivez un grand cercle avec la jambe gauche: croisez-la devant la jambe droite — levez en avant, écartez — inspiration. Baissez la jambe dans la position de départ — expiration. Le genou est toujours tourné dans la direction du mouvement.

Répétition: 16 fois. Changez de jambe après 4 fois.

Variation: En progression. Décrivez deux cercles avec la jambe droite. Faites un pas latéral comme dans l'exercice VI. Ramenez la jambe gauche et recommencez.

Répétition: 4-8 fois dans une direction, puis revenez en décrivant des cercles avec la jambe gauche.

GROUPE 8
EXERCICES POUR LES PIEDS

Les pieds sont des chefs-d'oeuvre d'architecture et de mécanique, formés par l'assemblement de petits os, fermement rattachés les uns aux autres par des muscles et des ligaments. Nous usons et abusons de ces pauvres pieds. Nous les enfermons dans des chaussures souvent plus jolies que confortables. Nous osons croire même que nos chaussures finiront par s'adapter à nos pieds quand, au contraire, elles finissent par les déformer. Nous négligeons trop souvent d'entretenir la souplesse et la force des pieds par des exercices.

Pendant la grossesse, plusieurs facteurs rendent spécialement nécessaire la pratique d'exercices pour les pieds: l'augmentation du poids du corps, qui signifie une surcharge pour les muscles et les ligaments, le déplacement du centre de gravité, une certaine déminéralisation de l'ossature et le relâchement général des ligaments. (Les futures mamans se tournent facilement les pieds.)

Tout changement dans la structure des pieds est accompagné de douleurs qui peuvent monter aux genoux, aux hanches et au dos. Même des maux de tête peuvent être causés par l'abaissement de la voûte plantaire ou par d'autres faiblesses du pied.

Pratiqués régulièrement et fréquemment, les exercices pour les pieds parviennent à prévenir douleurs et déformations. Combinés avec des exercices pour les jambes, ils préviennent aussi la stagnation du sang dans les jambes et le bassin.

Exercice I: Cercles avec les pieds

Position de départ: Assise par terre, appuyée sur les mains, les jambes allongées et un peu écartées.

Mouvement: Imaginez-vous en train de dessiner des cercles avec le pied droit et appliquez-vous à les faire aussi grands que possible dans les deux directions. Marquez un temps d'arrêt quand le pied est tourné vers l'intérieur. Puis relâchez la jambe à partir du genou en secouant le pied, comme si vous vouliez vous débarrasser d'une chaussure.

Pratiquez les cercles avec les deux pieds simultanément, en allant avec la pointe du pied en bas, vers l'intérieur et en haut, vers l'extérieur, toujours sans plier les genoux. Ne changez pas de direction.

Répétition: 4-8 cercles avec chacun des pied. Respiration continue.

Exercice II: Assouplissement des pieds

Position de départ: Assise, jambes allongées, les mains appuyées derrière les hanches. Les pieds repliés, les orteils pointent vers le haut.

Mouvement: Pliez les orteils, puis étendez les chevilles. Étendez les orteils et pliez les chevilles, puis les orteils à nouveau. Le mouvement des chevilles et celui des orteils se font séparément. C'est un excellent mouvement pour se réchauffer les pieds.

Répétition: 4-8 fois, le mouvement complet. Relâchez les pieds à tous les 2 ou 4 mouvements.

Exercice III: Extension des jambes et assouplissement des chevilles

Position de départ: Assise sur le bord de la chaise, le pied gauche posé sur la pointe, sans poids.

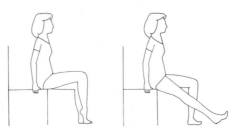

Mouvement: Soulevez un peu le genou gauche, étendez-le et posez le talon en avant aussi loin que possible — inspiration. Pliez le genou, soulevez-le et revenez à la position de départ — expiration.

Répétition: 16 fois. Changez de jambe à tous les 4 mouvements.

Variation: Debout sur la pointe des pieds, avec ou sans l'appui d'une main au mur, portez le poids du corps sur le pied droit tout en pliant le genou et en posant le talon gauche en avant, sans poids. Remontez sur la pointe des pieds en étendant les genoux. Changez de jambe à chaque mouvement; c'est un petit pas de danse.

Exercice IV: Assouplissement des chevilles

Position de départ: Debout, le poids du corps sur la jambe droite, le pied gauche posé sur la pointe, sans aucun poids, les bras levés en avant. Contractez les muscles fessiers pour empêcher le bassin de se déplacer latéralement. Ceci est une faute facilement commise.

Mouvement: Montez sur la pointe du pied droit en soulevant le poids du corps. Portez le poids du corps aussitôt sur la jambe gauche et descendez le talon. Pliez le genou en même temps pour descendre doucement sans choc. Remontez sur la pointe du pied gauche en soulevant le poids du corps, et ainsi de suite.
Exécution lente et continue.

Répétition: 8-16 fois.

Exercice V: Mouvement avec balle pour l'assouplissement des pieds

Position de départ: Assise sur un tabouret, pieds posés parallèlement. Placez une balle de tennis entre les voûtes des pieds. La balle ne doit pas toucher le sol.

Mouvement: Soulevez et abaissez les talons sans laisser échapper la balle.

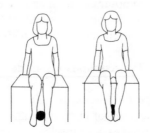

Variation a): Tenant la balle entre les voûtes des pieds, levez-vous et exécutez le même mouvement en vous tenant debout.

Variation b): Tout en tenant la balle, marchez à tout petits pas en avant puis en arrière. Contractez les muscles fessiers pour garantir une tenue droite. Évitez de vous pencher en avant.

Exercice VI: Massage de la plante du pied

Position de départ: Une main appuyée au mur, une balle de tennis sous la plante du pied droit qui porte une partie du poids du corps.

Mouvement: Massez la plante du pied en faisant des petits mouvements en rond sur la balle; massez le dessous des orteils, l'avant-pied, la voûte et les bords interne et externe du pied. Ne retroussez pas les orteils.

Répétition: Massez pendant 30 secondes à 1 minute ou le plus longtemps possible, puis changez de pied.

GROUPE 9
LA TENUE IDÉALE

Pour se maintenir en position verticale, le corps humain est pourvu de groupes musculaires grands et forts — muscles de la nuque, muscles longs du dos, muscles fessiers, etc. Pour remplir leurs fonctions sans fatigue, ces muscles demandent à être exercés. À part les exercices spéciaux, de bonnes habitudes de tenue les fortifient constamment. Les muscles dont la contraction n'est pas nécessaire pour maintenir la posture verticale du corps doivent être détendus. Soulever les épaules ou raidir le cou sont des efforts superflus et néfastes à une bonne tenue. La colonne vertébrale doit être assez étendue pour que les nerfs qui sortent des deux côtés entre chaque paire de vertèbres ne subissent pas de pression. Des nerfs sous pression engendrent douleur et malaise.

Le centre de gravité du corps humain est un point imaginaire situé devant la cinquième vertèbre lombaire. Si la tenue est parfaite, un axe vertical à travers tout le corps passerait par le milieu de la tête, du thorax, toucherait le centre de gravité et aboutirait au sol entre les pieds joints, juste au milieu des voûtes plantaires. Si le bassin bascule en arrière à cause de muscles abdominaux et fessiers relâchés, la ligne imaginaire passerait en avant du centre de gravité. En conséquence, il faudrait rejeter le buste en arrière. Il faudrait écarter exagérément les genoux pour se maintenir debout. Le poids du corps reposerait sur les talons au lieu de reposer sur les voûtes et ce déplacement du poids enlèverait au corps toute élasticité.

Les exercices de ce groupe ont été choisis pour vous permettre de vous rendre compte des phénomènes qui se passent dans la structure du corps quand celui-ci est debout et pour vous enseigner quels groupes musculaires il faut contracter ou détendre pour maintenir cette structure debout.

Les avantages d'une bonne tenue ne peuvent être surestimés, surtout pendant la grossesse. Si l'on a de mauvaises habitudes, il faut se rappeler à l'ordre soi-même le plus souvent possible. Mais peu à peu le bon maintien devient inconscient et dès lors n'exige plus aucun effort.

DESCRIPTION DE LA TENUE IDÉALE
Les pieds
Position correcte: Le poids du corps repose sur les voûtes plantaires; les pieds sont presque parallèles et un peu écartés.

Défauts: Les pieds trop tournés en dehors, talons joints, position qui rappelle celle d'une danseuse de ballet: elle rend difficile le maintien du bassin et favorise la cambrure exagérée des reins. Le poids du corps repose sur les talons (voir: *Les genoux*).

Genoux
Position correcte: Très légèrement fléchis et souples.

Défauts: Genoux trop étendus les mollets en forme de sabre, ce qui nuit d'ailleurs à la beauté de la jambe: le poids du corps repose alors trop sur les talons, le bassin bascule en arrière et le contenu de la cavité abdominale pèse contre les muscles abdominaux et entraîne une extension. Ce défaut de distribution du corps lui enlève toute sa souplesse.

Articulation des hanches
Position correcte: Bien étendues par la contraction des muscles fessiers.

Défauts: Extension incomplète des articulations. Le bassin bascule en arrière.

Les jambes

Position correcte: Le poids du corps doit être supporté également par les deux jambes.

Défauts: L'habitude de s'appuyer sur une jambe plus que sur l'autre entraîne, à la longue, des déviations de la colonne vertébrale.

Bassin

Position correcte: Muscles abdominaux et fessiers contractés de manière à ce que les fausses côtes soient tirées vers le bas et rapprochées des épines iliaques. On doit sentir le ventre court.

Défauts: Bassin basculé en arrière, cambrure exagérée de la région lombaire. Le contenu de la cavité abdominale pèse contre la sangle abdominale, entraîne un excès de tension sur ses muscles et détruit son élasticité.

Le thorax

Position correcte: Porté verticalement au-dessus du bassin, le dos bien étendu. Il faut avoir l'impression que le côté dorsal du corps est plus long que le côté frontal. Le thorax doit être porté haut et ne doit pas peser lourdement sur les jambes.

Défauts: Le thorax porté en arrière du bassin. La structure verticale du corps est alors dérangée, les reins trop cambrés et le ventre poussé en avant.

Le dos

Position correcte: Bien étendu, les angles inférieurs des omoplates légèrement tirés vers le bas et rapprochés de la colonne vertébrale.

Défauts: Dos arrondi, épaules et tête en avant. Les omoplates éloignées de la colonne vertébrale. Cette position gêne la respiration.

Les épaules

Position correcte: Elles doivent être portées bien en bas et parallèles au thorax.

Défauts: Épaules tirées en avant, dos arrondi.

Épaules tirées trop en arrière: position peu naturelle, qui fatigue et empêche un bon port de tête.

Épaules tirées en haut: position peu naturelle qui fatigue et gêne la liberté des mouvements.

Les bras

Position correcte: Les bras doivent pendre librement le long du corps.

Défauts: Les bras pendent en avant du corps si le dos est arrondi et les épaules tirées en avant. Les bras viennent trop en arrière du corps, si les épaules sont tirées trop en arrière.

La tête

Position correcte: Le cou dégagé. La nuque forme une ligne avec le dos. Le menton horizontal. Le dessus de la tête forme le point le plus haut.

Défauts: La tête projetée en arrière. La nuque est pliée et le port libre de la tête devient impossible. Le menton pressé contre la poitrine; formation d'un double menton.

Exercice I: Pour prendre conscience du maintien du bassin

Position de départ: Couchée sur le dos, genoux pliés et pieds posés au sol.

Mouvement: Contractez les muscles fessiers et abdominaux. Pressez les reins contre le sol, puis allongez lentement une jambe, après l'autre, en glissant les pieds par terre sans permettre aux reins de se détacher du sol — inspiration. Relâchez muscles fessiers et abdominaux; les reins se détachent du sol, les jambes un peu éloignées l'une de l'autre se relâchent, pieds et genoux se tournent vers l'extérieur — expiration. Contractez à nouveau muscles fessiers et abdominaux, genoux et pieds tournés vers le haut. Pliez les genoux l'un après l'autre en glissant les pieds par terre pour retourner à la position de départ — inspiration. Relâchez — expiration.

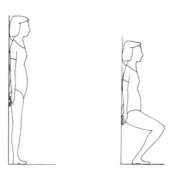

Répétition: 4-8 fois.

Exercice II: Flexion des genoux, dos au mur

Position de départ: Debout, pieds parallèles, les talons à un pied du mur. Appuyez tout le long du dos contre le mur, les bras le long du corps.

Mouvement: En pliant les genoux, glissez le long du mur, jusqu'à ce que les cuisses se trouvent en position horizontale — expiration. Remontez — inspiration. Veillez à ce que le dos et surtout la région lombaire ne se détachent pas du mur. Plus difficile: rapprochez les pieds du mur.

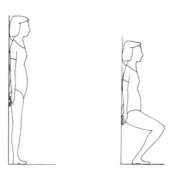

Répétition: 8 fois. Relachez les jambes après 4 mouvements.

Exercice III: La planche, agenouillée

Position de départ: À genoux, cuisses et corps forment une ligne droite; les muscles fessiers sont bien contractés et les bras écartés latéralement.

Mouvement: Les articulations des genoux servant de charnières, penchez lentement le tronc en arrière. Gardez le dos bien droit, les bras toujours à angle droit avec le corps — inspiration. Vous devez décontracter un peu les muscles fessiers pour descendre et les contracter fortement pour remonter.

Répétition: 4-8 fois

Exercice IV: La planche, debout

Position de départ: Debout face au mur à distance d'à peu près trois pieds, les mains et les coudes à la hauteur des épaules. Contractez fortement muscles fessiers et abdominaux pour vous maintenir en position idéale tout le long de l'exercice.

Mouvement: Laissez-vous tomber en avant. Les mains reçoivent le poids du corps et les coudes font ressort — expiration. Repoussez-vous du mur pour revenir à la position de départ — inspiration.

Ce mouvement devient d'autant plus difficile que vous vous éloignez du mur.

Défauts à éviter: Muscles abdominaux insuffisamment contractés: vous cambrez les reins et vous n'êtes plus «en planche».

Muscles fessiers insuffisamment contractés: vous pliez les articulations des hanches; les jambes forment un angle avec le corps au lieu de former une ligne droite.

Répétition: 4-8 fois.

GROUPE 10

LES BALANCEMENTS

Les exercices de balancement du tronc et des bras sont des mouvements par excellence pour stimuler la circulation et la respiration. Leur pratique procure très vite un grand bien-être. Ils constituent une bonne mise en train pour une séance de gymnastique.

Pour mieux se rendre compte de la courbe décrite dans l'espace et pour mieux sentir la continuité du mouvement, vous pouvez poser une balle sur une main. Il ne faut la serrer à aucun moment, ce qui exige beaucoup de souplesse et de coordination. À la fin du mouvement, en haut, la balle se sépare un peu de la main et y retombe pour le mouvement vers le bas.

Règles générales pour les exercices de balancement
1) Le balancement est composé d'un mouvement en haut avec élan et d'un mouvement en bas sans élan.

2) L'inspiration se fait avec le mouvement en haut; l'expiration se fait avec le mouvement en bas.

3) Pendant le mouvement en bas, les muscles sont détendus et cette détente est le point de départ de l'élan suivant.

4) L'élan doit être bien mesuré, ni trop fort, ni trop faible, et la direction du balancement doit être nette, bien définie.

5) La plus grande tension dans l'élan est atteinte juste avant de retomber. À ce moment, les doigts sont tendus dans la direction du balancement et il faut avoir la sensation que le mouvement continue loin dans l'espace si vous ne tenez pas la balle.

6) Le balancement est un mouvement régulier et continu, sans arrêt et sans secousse, comme celui du balancier d'une pendule.

Exercice I: Balancement du tronc de haut en bas

Position de départ: Debout, penchez-vous un peu en avant, de façon à ce que les mains croisées se trouvent à hauteur des genoux légèrement fléchis, la tête inclinée en avant.

Mouvement: Redressez-vous en écartant les bras jusqu'à la hauteur des épaules, paumes en bas. Étendez les genoux et contractez les muscles fessiers — inspiration. Sans marquer de temps d'arrêt, balancez en bas, en vous laissant entraîner par le poids de la tête et des bras — expiration. Balancez aussitôt en haut.

Répétition: 8 fois.

Variation   a): Le poids du corps repose sur la jambe gauche, genou plié. La jambe droite est posée en avant, sans poids. En balançant vers le haut, portez le poids du corps sur la jambe droite, pendant que la jambe gauche se soulève un peu du sol. En descendant, portez le poids du corps sur la jambe gauche et continuez.

Variation   b): Le poids du corps repose sur la jambe gauche, genou plié. La jambe droite est posée latéralement sans poids. En montant, portez le poids du corps sur la jambe droite et soulevez un peu la jambe gauche latéralement. En descendant, portez le poids sur la jambe gauche et continuez.

Exercice II: Balancement latéral avec balle

Position de départ: Le poids du corps sur la jambe gauche, le bras droit croisé devant le corps, la balle repose sur la main droite.

Mouvement: En amenant le poids du corps à droite, balancez le bras droit horizontalement, vers l'extérieur, paume en haut — inspiration. Balancez en bas, à la position de départ — expiration et recommencez sans marquer de temps d'arrêt. Laissez reposer la balle sur la paume; ne la serrez jamais.

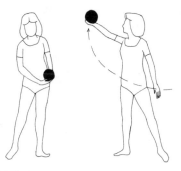

Répétition: 16 fois. Changez de côté après 4 ou 8 mouvements.

Exercice III: Balancement d'avant en arrière avec la balle

Position de départ: Debout, jambes jointes, buste penché en avant, les bras un peu en arrière du corps, coudes légèrement fléchis. La balle repose sur la paume droite.

Mouvement: Balancez les bras et le buste en avant — inspiration. Faites passer la balle de la main droite à la main gauche, sans la lancer, simplement en retirant la main droite sous la balle et en la recevant sur la paume gauche. Balancez immédiatement en bas — expiration. Le passage de la balle d'une main à l'autre ne doit pas déranger la continuité du balancement.

Répétition: 8 fois.

Exercice IV: Balancement à genoux

Position de départ: À genoux, cuisses et corps en ligne droite, les bras écartés, un petit coussin sur les talons.

Mouvement: Balancez les bras devant vous en vous asseyant sur les talons — expiration. Remontez à la position de départ en serrant fortement les muscles fessiers — inspiration. Continuez sans marquer de temps d'arrêt.

Répétition: 4-6 fois.

Exercice V: Balancement latéral, bras parallèles

Position de départ: Debout, jambes écartées. Le poids du corps repose sur la jambe gauche. Les deux bras sont à gauche, à la hauteur des épaules.

Mouvement: Balancez les bras parallèlement en bas et à droite, en amenant le poids du corps à droite — inspiration. Balancez à gauche, toujours en amenant le poids du corps. Expirez fortement en sifflant, la bouche légèrement ouverte.

Répétition: 4-8 fois.

Variation a): Balancez à droite comme décrit. En balançant à gauche, joignez la jambe gauche. Faites un pas à droite avec le balancement à droite, etc.

Variation b): Balancez à droite puis en joignant la jambe comme décrit et en gardant les jambes jointes, balancez, en montant moins haut, à droite, à gauche, en forçant au moment de l'expiration. En forçant l'expiration, vous pouvez siffler entre les dents. Vous ferez donc le premier balancement en inspirant et les trois suivants en expirant.

Répétition: 4 fois de chaque côté.

Exercice VI: Balancement à trois temps

Position de départ: Debout, jambes jointes, une balle repose sur la main droite, le bras droit rejoint le bras gauche à l'extérieur.

Mouvement: Balancez le bras droit à l'extérieur et en haut (a); balancez le bras au-dessus de la tête à gauche, la balle repose toujours sur la paume qui est tournée vers le haut (b) — inspiration. Revenez à la position de départ (c) expiration.

Répétition: 8-16 fois, changez de côté après 4 mouvements.

Variation: Même mouvement, les jambes écartées. En position de départ, le poids du corps repose sur la jambe gauche. Amenez le poids du corps sur la jambe droite en balançant le bras en haut et gardez-le là pendant la flexion latérale. En balançant vers le bas, portez le poids du corps à nouveau sur la jambe gauche, les genoux doivent être souples et il faut rester strictement dans le plan latéral.

Exercice VII: Balancement à trois temps (sans balle)

Position de départ: Debout, jambes jointes, le bras gauche pend détendu, le bras droit croisé devant le corps.

Mouvement: Balancez le bras droit latéralement, à la hauteur de l'épaule, paumes tournées vers le haut (1). Pliez le coude et laissez tomber la main souplement sur l'épaule, l'oreille vers l'épaule (2) — inspiration. Étendez le coude, redressez-vous et balancez le bras devant vous (3) — expiration.

Répétition: 4 fois de chaque côté.

Variation a): Même mouvement, les jambes écartées; le poids du corps repose sur la jambe gauche. Amenez le poids du corps sur la jambe droite en balançant le bras à l'extérieur, vers le haut. En balançant vers le bas, ramenez le poids du corps sur la jambe gauche. Les genoux doivent être souples et il faut rester strictement dans le plan latéral.

GROUPE 11
LA DÉTENTE

Par la pratique des exercices de détente, vous devez parvenir à la déconcentration musculaire et à la détente mentale nécessaires pendant les contractions de la première phase de l'accouchement. Il ne s'agit pas de faire le vide et de ne penser à rien, ce qui d'ailleurs est excessivement difficile, mais de remplacer les pensées contraires à la paix mentale par d'autres. J'aimerais appeler cela «détente concentrée». Vous me comprendrez mieux si je vous donne un exemple: si vous voulez écouter une très belle musique, vous devez vous concentrer mais vous détendre en même temps. Êtes-vous tendue, préoccupée? Vous ne pourrez pas suivre la musique; vous ne l'entendez pas. Il vous faut donc faire un effort de volonté pour tout oublier et vraiment écouter. Disons que vous y êtes parvenue, mais voilà qu'au concert les gens autour commencent à parler, et à faire du bruit. Cela vous agace et d'un coup vous n'entendez plus la musique. Mais vous décidez de ne pas vous laisser déranger et vous faites un effort de volonté pour vous concentrer sur la musique et vous l'entendez à nouveau.

C'est en pratiquant des mouvements de détente très simples, très monotones, que vous parviendrez à acquérir cette capacité de vous détendre, tout en vous concentrant. Nul besoin de se trouver dans la semi-obscurité sur un lit confortable. Faites les mouvements en plein jour, couchée par terre. La lumière ne doit guère vous gêner et vous ne sentirez même pas que vous êtes couchée sur une surface dure.

La pratique des exercices constitue, en outre, un merveilleux repos qui vous fait récupérer vos forces en peu de temps. Dix minutes d'exercices de détente vous reposeront autant qu'une demi-heure de sommeil. Prenez donc l'habitude d'interrompre vos occupations pour de courtes séances de détente. Vous apprendrez ainsi à vous détendre n'importe où, n'importe quand. C'est un apprentissage dont vous profiterez toujours.

RÈGLES GÉNÉRALES

1) Inspirez pendant les mouvements vers le haut; expirez pendant la descente.

2) Observez une pause après chaque expiration. Respirez d'une manière rythmée et lente.

3) Fermez les yeux au moment de l'inspiration et détendez les muscles de la figure aussi bien que ceux du corps; ouvrez les yeux au moment de l'inspiration.

Faites les mouvements avec un minimum d'efforts en vous rendant compte de la pesanteur de votre corps et de vos membres. Concentrez vos pensées entièrement sur vos mouvements et votre respiration: en haut, en bas, pause. Ou bien: inspirez, expirez, pause. Ou bien: montez, tombez, pause. Répétez les mots d'une façon rythmée. La monotomie des mots et des mouvements vous mettra dans un état de repos complet. Ne vous occupez pas du nombre de répétitions de vos mouvements.

La détente des muscles de la nuque est difficile à obtenir. Pourtant, sans leur décontraction, la détente ne peut être complète.

Exercice I: Détente de la nuque

Position de départ: Assise sur un tabouret, les mains reposant sur les genoux, dos et nuque en ligne droite, la tête bien dégagée et le menton horizontal.

Mouvement: Laissez tomber la tête en avant; le dos reste tout droit — expiration. Remontez la tête par l'effort des muscles de la nuque — inspiration.

Répétition: 4-6 fois.

Variation: Laissez tomber la tête de côté, figure en avant, l'oreille vers l'épaule. Remontez la tête et laissez-la tomber de l'autre côté.

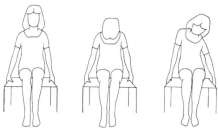

Exercice II: Détente de la tête, jambes repliées

Position de départ: Assise par terre, les jambes pliées vers le côté gauche, le pied droit appuyé contre la cuisse gauche et les mains posées par terre à côté du genou droit.

Mouvement: Laissez tomber la tête en avant et remontez-la, comme décrit pour l'exercice I.

Variation: Laissez tomber la tête, comme décrit, remontez-la en décrivant un demi-cercle: levez la tête vers l'épaule droite — inspiration. Laissez-la tomber au milieu — expiration. Remontez-la vers l'épaule gauche — expiration et continuez.

Répétition: 4-6 fois.

Exercice III: Détente des bras et des jambes

Position de départ: Couchée par terre ou sur le lit, les bras écartés, les paumes tournées vers le haut. La jambe gauche est allongée, le pied droit est posé à hauteur du genou gauche et le genou droit croisé au-dessus de la jambe gauche.

Mouvement: Remontez en même temps les bras et le genou droit — inspiration. Laissez retomber les bras par terre et le genou droit vers l'extérieur — expiration. Remontez les bras et le genou droit — inspiration et laissez-les retomber à la position de départ — expiration.

Répétition: 16 fois. Changez de jambe après 4 mouvements.

Exercice IV: Rouler d'un côté à l'autre

Position de départ: Couchée sur le côté droit, les genoux pliés et remontés. La tête repose sur le bras droit; le bras gauche est devant le corps.

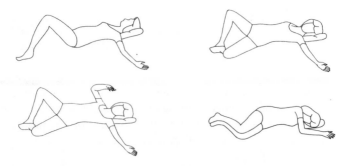

Mouvement: Soulevez le bras droit jusqu'à la verticale en contractant les muscles pectoraux. Laissez tomber le bras droit vers le côté gauche du corps, auprès du bras gauche; simultanément, laissez tomber les genoux vers la gauche. Vous êtes maintenant couchée sur le côté gauche du corps, dos rond, genoux pliés vers le ventre, en détente complète. Gardez cette position très reposante pendant plusieurs respirations. Soulevez le bras droit et le genou droit. Laissez tomber genou et bras vers la droite. Roulez sur le dos puis, en soulevant bras gauche et genou gauche et en les laissant tomber vers la droite, roulez sur votre côté droit. Gardez la position de détente complète pendant plusieurs respirations et recommencez.

Répétition: 8 fois.

Exercice V: Un vrai somnifère

Position de départ: Couchée sur le dos, une couverture roulée sous les genoux pliés, pieds posés par terre. Les bras écartés, paumes en haut, tout le corps est en détente.

Mouvement: Soulevez la tête un peu et tournez-la à droite; regardez au loin, comme si vous pouviez voir l'horizon à travers le mur — inspirez. Reposez la tête, fermez les yeux — expirez. Répétez ce mouvement à gauche, puis encore une fois à droite, à gauche. Vous devenez trop paresseuse pour lever la tête, vous vous contentez de la tourner à droite, à gauche, toujours en regardant vers le loin, toujours au même rythme. Finalement, même le petit effort de tourner la tête devient trop grand. Vous vous contentez d'ouvrir les yeux en regardant vers le haut puis de les refermer. Vos paupières deviennent de plus en plus lourdes. Vous conservez toujours le même rythme respiratoire. Si même ouvrir les yeux devient trop fatigant, vous êtes prête à vous endormir. Si vous ne voulez pas vous servir de cet exercice comme somnifère, mais pour pratiquer la détente, recommencez à tourner la tête, puis tournez et levez la tête. Asseyez-vous lentement ensuite.

GROUPE 12
EXERCICES RESPIRATOIRES

Nous avons un besoin constant d'oxygène pour vivre. Une privation d'oxygène, même momentanée, pourrait avoir des conséquences néfastes. Les deux grandes fonctions vitales, circulation et respiration, sont étroitement liées, puisque c'est le sang qui apporte l'oxygène dans toutes les cellules du corps.

L'air entre par le nez, les fosses nasales. Il passe par la tracchée, dans les bronches, les bronchiales et finalement remplit les alvéoles pulmonaires. Ce sont des petits sacs qui composent les poumons et dans lesquels se fait l'échange gazeux. C'est au niveau des parois des alvéoles que le sang s'approvisionne d'une partie de l'oxygène. Les globules rouges du sang apportent l'oxygène à toutes les cellules par la voie des artères qui se divisent en branches de plus en plus petites. L'utilisation de l'oxygène par la cellule produit des déchets, entre autres le gaz carbonique. Le sang chargé de déchets est ramené aux poumons par la voie des veines et les déchets sont rejetés à l'extérieur, au moins en partie, par les voies respiratoires.

Une bonne oxygénation est nécessaire pour permettre à l'organisme de fonctionner adéquatement et sans fatigue excessive. Les femmes enceintes ont un besoin accru d'oxygène, et pour la croissance du foetus et pour la croissance de leurs propres organes: utérus, placenta et seins.

Un certain nombre de muscles dits «respiratoires» assurent le fonctionnement de la respiration. Ils sont situés au niveau de la cage thoracique; ils contribuent à soulever les côtés pour l'inspiration et à les abaisser pour l'expiration. Ce sont:

— *à la région antérieure:* le grand et le petit pectoraux et le triangulaire du sternum;

— *à la région costale:* les surcostaux, les intercostaux externes et internes;

— *à la région latérale:* le grand dentelé;

— *à la région postérieure:* le grand dorsal, les petits dentelés supérieurs et inférieurs.

Le diaphragme est le muscle respiratoire le plus important. Il sert de cloison entre la cavité thoracique et la cavité abdominale.

L'aorte, la veine cave inférieure et l'oesophage le traversent. Il est attaché à la pointe du sternum, aux six dernières côtes et à la colonne vertébrale.

La respiration de la future maman est gênée par la présence de l'utérus agrandi qui occupe un espace de plus en plus considérable. Ce manque d'espace sera compensé par (1) l'extension de la sangle abdominale, (2) de légers changements aux jointures du bassin et (3) le soulèvement du diaphragme dont la convexité devient plus prononcée. Le thorax doit gagner en largeur ce qu'il perd en hauteur afin que le besoin accru d'oxygène de la femme enceinte puisse être satisfait. Elle respire à un rythme accéléré, en moyenne 20 fois par minute plutôt que 15 à 16 fois quand elle n'est pas enceinte. La plupart des exercices suivants ont pour but de faciliter la respiration pendant la grossesse; faute de les pratiquer, la femme enceinte court constamment après son souffle et elle est incommodée. Certains exercices de ce groupe préparent aux techniques respiratoires employées durant l'accouchement.

Les exercices de respiration partielle, respirations thoracique, abdominale et de la pointe des poumons, visent l'acquisition d'un contrôle très subtil de la respiration, surtout quant à la participation du diaphragme dans les différentes manières de respirer. (Le diaphragme est un muscle respiratoire en forme de coupole qui sert de cloison entre la cavité thoracique et la cavité abdominale. Au moment de l'inspiration, le diaphragme se contracte, s'aplatit et il remonte au moment de l'expiration.) À différents moments de l'accouchement, la parturiente doit savoir se servir de cette pression du diaphragme; à d'autres, elle doit au contraire l'éviter.

Les exercices de respiration thoracique visent à maintenir et même à augmenter la souplesse des côtes. Au moment de l'inspiration, la cage thoracique s'agrandit dans le sens latéral d'une façon marquée.

Les exercices de respiration abdominale visent à maintenir l'élasticité de la paroi abdominale et à rendre possible son contrôle jusqu'à la fin de la grossesse. La respiration abdominale s'arrêtera si elle n'est pas exercée régulièrement. L'expression «respiration abdominale» est courante, mais imprécise. En pratiquant cette respiration, nous faisons un effort pour abaisser le diaphragme et agrandir la cavité thoracique dans le sens vertical au moment de l'inspiration. Le diaphragme exerce alors une pression sur le contenu de la cavité abdominale et la paroi abdominale est soulevée. Durant l'expiration, la paroi abdominale contractée presse sur le contenu du ventre et le fait redescendre. Le diaphragme, poussé vers le haut, contribue à chasser l'air des poumons. Donc, grâce à cette respiration, la paroi abdominale monte et descend d'une façon marquée.

thorax
expiration
complète

thorax
inspiration
complète

respiration
abdominale

respiration des
pointes des
poumons

Les exercices de respiration de la pointe des poumons visent l'apprentissage de la respiration avec un minimum d'amplitude et un maximum de vitesse. Cette respiration se fait au niveau du sternum qui se soulève au moment de l'inspiration. Ni le diaphragme, ni les autres muscles respiratoires (muscles costaux et intercostaux) ne doivent être mis en action. Si cette respiration superficielle est pratiquée à un rythme accéléré, elle devient la respiration haletante qui doit être appliquée pendant les moments les plus laborieux et l'accouchement. Il s'agit donc de la maîtriser parfaitement. Un apprentissage de plusieurs semaines est parfois nécessaire. À la maison, ne pratiquez jamais plus de 4 à 5 fois de suite, mais plusieurs fois dans la journée. Au début, ne respirez pas trop vite, mais veillez à ce que le rythme soit régulier; si toutefois la respiration devient saccadée, arrêtez et recommencez à nouveau. Ne vous entêtez pas à l'apprendre en quelques jours, mais pratiquez pendant plusieurs semaines. À force de pratiquer, vous pourrez haleter de plus en plus vite et régulièrement.

Les exercices de respiration complète entraînent agrandissement de la cage thoracique dans tous les sens, (1) expansion des côtes dans le sens latéral, (2) expansion des côtes dans le sens avant-arrière et soulèvement du sternum, (3) descente du diaphragme. (La respiration normale est une respiration complète, plus ou moins approfondie selon l'activité plus ou moins vive.)

Les exercices de respiration rythmée visent à augmenter l'endurance. Ils sont un excellent moyen d'apprendre à coordonner mouvement et respiration, jusqu'à ce que cette coordination devienne inconsciente. À force de les pratiquer, vous deviendrez capable de prolonger les différentes phases de la respiration.

Les trois phases de la respiration sont: inspiration — expiration — pause. Cette dernière sépare l'expiration de la nouvelle inspiration et représente un repos physiologique.

RESPIRATION PARTIELLE

Exercices pour la respiration thoracique

Exercice I:
Position de départ: Assise sur un tabouret, les pieds posés par terre, le dos droit, les mains posées sur les côtes, les doigts tournés en avant.

Mouvement: Inspirez profondément en écartant les côtes dans le sens latéral; vous avez l'impression que les côtes poussent les mains. Expirez à fond; les côtes s'affaissent sous la légère pression des mains.

Répétition: Deux respirations thoraciques, suivies de deux respirations normales pendant lesquelles vous laissez tomber les bras le long du corps.

Variation: Inspirez comme décrit, puis arrêtez 2 secondes; inspirez de nouveau et arrêtez 2 secondes. Expirez au même rythme.

Exercice II

Position de départ: Couchée sur le dos, genoux pliés et pieds posés par terre, les mains appuyées sur les côtes et les doigts dirigés vers l'avant.

Mouvement: Comme décrit pour l'exercice I. En position couchée, veillez à ne pas soulever le sternum pendant l'inspiration.

Variation: Respirez d'une manière saccadée, c'est-à-dire en 3 coups. Pensez: inspirez — encore — encore; expirez — encore — encore.

Répétition: Deux fois, suivies de deux respirations normales.

Exercices pour la respiration abdominale

Exercice III

Position de départ: Couchée sur le dos, genoux pliés et pieds posés par terre, une main posée légèrement sur le ventre.

Mouvement: Inspirez lentement en faisant un effort pour agrandir la cage thoracique vers le bas. Le diaphragme s'abaisse et appuie sur le contenu de la cavité abdominale. Les muscles abdominaux doivent être détendus pour ne pas opposer de résistance à l'abaissement du diaphragme et au soulèvement de la paroi abdominale.

Expirez lentement et pensez à rétrécir les muscles abdominaux autour du nombril. Ils font pression sur le contenu du ventre; le diaphragme remonte et contribue à chasser l'air des poumons. La région lombaire doit adhérer au sol continuellement.

Variation a): Inspirez lentement d'une manière continue. Expirez d'une façon saccadée, c'est-à-dire, chassez l'air en 4 expirations partielles, bouche ouverte.

Variation b): Inspirez d'une manière saccadée, c'est-à-dire montez la paroi abdominale un peu plus haut avec chacune des 4 inspirations. Expirez lentement et d'une manière continue.

Variation c): Inspirez lentement. Bloquez la respiration et comptez jusqu'à 6. Expirez lentement. Progressivement, bloquez la respiration en comptant lentement jusqu'à 8-10-12.

Variation d): Pratiquez deux respirations thoraciques, deux respirations abdominales, deux respirations normales et recommencez la séquence.

La respiration abdominale et les variations seront répétées 2 à 6 fois; intercalez quelques respirations normales et recommencez.

Variation e): Inspirez très lentement par le nez en soulevant la paroi abdominale. Expirez aussi lentement par la bouche légèrement ouverte *en laissant redescendre doucement la paroi abdominale, les muscles détendus.*

Dans certains hôpitaux, on demande aux parturientes de pratiquer la respiration abdominale pendant la dilatation comme décrit en e): inspiration très lente jusqu'au sommet de la contraction et expiration lente jusqu'à sa fin. Beaucoup de femmes trouvent cette respiration inconfortable pour accompagner les contractions assez longues et intenses. Elles préfèrent alors pratiquer la respiration accélérée (voir l'exercice V de ce groupe).

Exercices pour la respiration des pointes des poumons
(respiration haletante)

Exercice IV

Position de départ: Assise par terre ou sur un tabouret, jambes croisées, les mains posées sur les épaules, coudes en avant.

Mouvement: Écartez les coudes à la hauteur des épaules — inspiration; ramenez les coudes en avant — expiration, bouche entrouverte. Pratiquez ce mouvement lentement d'abord, accélérez ensuite. Déplacez les coudes de moins en moins, au fur et à mesure que vous respirez plus vite.

Vous vous rendrez compte que plus vous respirez vite, plus vous respirez superficiellement.

Exercice V

Position de départ: Assise sur un tabouret, pieds placés par terre, une main appuyée en arrière de la chaise, l'autre main posée sur le sternum; la tête est envoyée ou appuyée sur une épaule, les épaules effacées.

Mouvement: La bouche entrouverte, prenez une courte inspiration — la main permet de contrôler le soulèvement du sternum; expirez aussitôt. Faites une courte pause avant l'inspiration suivante.

Entraînez-vous à respirer de la manière décrite en accélérant le rythme jusqu'à ce que les respirations se suivent sans qu'il y ait de pause entre l'expiration et la nouvelle inspiration. Vous devez être capable de faire deux respirations par seconde. (Pendant le travail, vous serez probablement obligée de respirer encore plus vite.) Vous ne réussirez pas le premier jour. Votre respiration, à force de vouloir être trop rapide, deviendra saccadée. En ce cas, arrêtez et recommencez après avoir fait plusieurs respirations normales. Ne répétez jamais plus de 5 minutes de suite.

Il vous sera plus facile de garder un rythme régulier si vous battez la mesure avec un doigt ou un pied. Entraînez-vous de cette façon jusqu'à ce que vous soyez capable de haleter pendant 30 secondes. Pratiquez ensuite en mettant les deux mains par terre, ou sur la chaise, les épaules bien effacées et la tête rejetée en arrière, reposant sur une épaule.

À un rythme plus accéléré, le corps entier vibre et le ventre ne peut plus être immobile. Toutefois, la respiration se fait toujours par la pointe des poumons seulement. Plus vous pratiquerez, plus vous trouverez que votre respiration haletante devient régulière, fine et reposante.

La respiration haletante, qui demande toute votre attention, diminue la perception de l'inconfort, de la douleur même, qui peut accompagner ces longues et intenses contractions de la transition. (Voir *La respiration et les positions pendant la première phase de l'accouchement,* Chapitre III). C'est en haletant que vous pourrez vous détendre à un moment où cela devient difficile et c'est en haletant que vous parviendrez à vous abstenir de pousser quand vous en avez fortement envie avant le moment opportun.

Exercice VI

Position de départ: Assise sur un tabouret jambes écartées, les pieds posés par terre, une main appuyée en arrière de la chaise, l'autre main posée sur le sternum. Les épaules effacées, la tête appuyée sur une épaule ou envoyée en arrière.

Mouvement: Prenez une grande inspiration puis expirez à fond. Imaginez-vous que c'est le début de la contraction. La contraction devenant plus forte, vous accélérez la respiration jusqu'à ce que vous parveniez finalement à faire deux respirations par seconde. Surtout, ne pratiquez pas montre en main. Demandez à votre mari de vérifier de temps en temps; le rythme de la respiration s'impose de lui-même. Pratiquez beaucoup, pour être capable de le suivre aisément. Imaginez-vous ensuite que la contraction commence à faiblir — elle se termine. Vous ralentissez donc votre respiration et terminez avec une dernière grande respiration.

La respiration haletante est d'autant moins fatigante qu'elle est fait avec *l'accent sur l'expiration* et interrompue par de nombreux rejets d'air (voir exercice VIII). Cette façon de haleter diminue grandement le danger d'engourdissement. La parturiente qui sent ses mains ou ses pieds s'engourdir doit signaler immédiatement ce malaise. Il y a un remède facile et rapide: une infirmière fait un massage des membres engourdis ou bien la parturiente doit respirer quelquefois dans un sac en papier.

Exercice VII

Pratiquez la respiration haletante de la manière suivante: prenez une grande respiration, puis expirez à fond. Faites 4 respirations haletantes, soufflez rapidement et recommencez aussitôt à haleter 4 fois; soufflez et continuez.

Faites 4, 6 ou 8 respirations haletantes avant de souffler.

Peu de femmes sont capables de haleter pendant une minute, parce qu'il est difficile en haletant d'expirer autant d'air qu'on en a inspiré. Les parturientes ont l'impression de se remplir d'air et se sentent inconfortables et tendues. Il est facile de rejeter de temps en temps l'air qui semble de trop et de se détendre à nouveau très complètement. Cette technique permet de haleter très longtemps sans se fatiguer et de faire disparaître l'envie de pousser qui se fait souvent sentir d'avance.

Pratiquez la respiration haletante en soufflant toujours quand vous en éprouvez le besoin.

Haletez dans toutes les positions décrites pour la période de transition (un jour assise: un jour couchée sur le dos, pieds posés par terre; un jour couchée sur le dos, les jambes soulevées; un jour couchée en position trois quarts abdominale). Ainsi, vous vous rappellerez toutes les positions possibles et vous pourrez choisir celle qui est la meilleure sur le moment.

Prenez l'habitude de pratiquer la respiration haletante avec un morceau de gaze stérile trempé dans l'eau froide, placé sur la bouche. Cela évite d'avoir la gorge sèche. Entre les contractions, vous pouvez presser le bout de la langue contre les dents de la mâchoire inférieure. En appuyant ainsi sur les glandes salivaires, votre bouche se mouille.

Exercice VIII
Position de départ: Couchée sur le dos, les genoux pliés et les pieds posés au sol.

Mouvement: Les mains placées sur les côtes, faites une inspiration thoracique comme décrit dans l'exercice II. Placez les mains sur le ventre et continuez avec une inspiration abdominale, comme décrit dans l'exercice III. Faites une expiration abdominale. Vous sentez les muscles du ventre qui se resserrent. Placez les mains sur les côtes et faites l'expiration thoracique.

Répétition: 4-8 fois. Intercalez deux respirations normales entre deux respirations complètes.

Exercice IX

Position de départ: Debout, pieds joints, la tête penchée en avant. Les bras pendant en souplesse le long du corps, genoux légèrement fléchis et dos arrondi.

Inspiration: Levez la tête, étendez le dos, écartez les bras, étendez les genoux et montez sur la pointe des pieds. Devenez grande et légère.

Expiration: Détendez-vous et revenez à la position initiale.

Nous utilisons ce mouvement de base pour les exercices respiratoires rythmés:

Variation: Inspiration — En vous redressant, marchez quatre pas en avant.

Expiration: Sur place, en détente. L'expiration doit durer aussi longtemps que l'inspiration.

EXERCICES RESPIRATOIRES RYTHMÉS À PRATIQUER PENDANT VOTRE PROMENADE QUOTIDIENNE

Pour retarder l'essoufflement:
— 4 pas pour inspirer, 4 pas pour expirer;
— 6 pas pour inspirer, 6 pas pour expirer;
— 8 pas pour inspirer, 8 pas pour expirer.

Pour vous habituer à retenir l'inspiration:
— 4 pas pour inspirer, 4 pas pour retenir, 4 pas pour expirer;
— 4 pas pour inspirer, 8 pas pour retenir, 4 pas pour expirer;
— 4 pas pour inspirer, 12 pas pour retenir, 4 pas pour expirer.

Pour calmer le rythme respiratoire quand vous êtes essouflée:

— 3 pas pour inspirer, 6 pas pour expirer;
— 4 pas pour inspirer, 8 pas pour expirer.

Pour monter les escaliers:

— 2 marches pour inspirer, 2 marches pour expirer.

Dès le début, maintenez le rythme choisi. Ne parlez pas en montant les escaliers.

GROUPE 13

EXERCICE ET CONSEILS POUR SOULAGER CERTAINS INCONFORTS

Certains malaises et inconforts accompagnent fréquemment la grossesse mais n'y sont pas nécessairement liés. Ils peuvent être évités, éliminés ou tout au moins soulagés par des précautions simples ou par la pratique d'exercices adéquats. Toutefois, ils doivent être signalés au médecin qui en vérifiera la cause.

a) Maux dans le haut du dos: Mouvements de détente pour les bras, les épaules et le haut du dos, pour faire disparaître la fatigue après avoir été assise pour coudre, tricoter, écrire à la machine, etc.

b) Maux de dos au niveau des reins: Les maux de dos au niveau des reins, c'est-à-dire au niveau de la section lombaire de la colonne vertébrale, sont souvent causés par une mauvaise posture. Ils disparaissent dès que vous corrigez votre tenue (voir les exercices, Groupe 9). Ces douleurs s'accroissent toujours à la fin de la journée. Évitez les surplus de fatigue et évitez de soulever des objets lourds.

c) Les maux de dos au niveau du sacrum (au-dessous des reins) ont une cause différente. Le bassin osseux est composé de quatre os: le sacrum, en arrière, qui continue la colonne vertébrale, suivi du coccyx, à droite et à gauche des os iliaques, qui se joignent en arrière au sacrum; en bas et en avant, les os iliaques forment des branches, les os pubiques. Leur jointure est appelée la symphyse pubienne. Ces quatre os du bassin sont reliés entre eux par de forts ligaments qui se relâchent vers la fin de la grossesse grâce à l'infiltration d'une hormone, la relaxine.

Ce relâchement des ligaments permet à la symphyse pubienne de s'écarter, et au sacrum et au coccyx de faire jeu avant-arrière dans le but d'agrandir le passage pendant l'accouchement. Durant la grossesse, le bassin perd de sa stabilité et sa condition précaire cause souvent des maux dans le bas du dos et des inconforts dans les aines.

d) Douleurs sciatiques: Le nerf sciatique prend son origine dans la région lombaire. Ses deux branches descendent le long de l'arrière des jambes jusqu'aux talons. Une pression sur le nerf, due à la grossesse, peut provoquer de fortes douleurs, soit dans une jambe, soit dans les deux jambes. Ces douleurs s'arrêtent parfois aussi subitement qu'elle sont venues, grâce à un changement de la position du bébé. C'est la sciatique de la grossesse. La vraie sciatique par contre est une inflammation du nerf. Les douleurs sont très tenaces et demandent souvent des traitements médicaux. D'ailleurs, si les douleurs provoquées par la sciatique de la grossesse deviennent trop pénibles et si les exercices ne soulagent pas, le médecin peut avoir recours à d'autres traitements.

EXERCICES POUR SOULAGER LES INCONFORTS DU HAUT DU DOS

Exercice I: Cercles des épaules

Position de départ: Assise, les bras détendus le long du corps.

Mouvement: Amenez les épaules dans un cercle en arrière, en haut — inspiration; en avant, en bas — expiration. Veillez à ce que les bras restent complètement détendus. Faites des cercles dans l'autre direction.

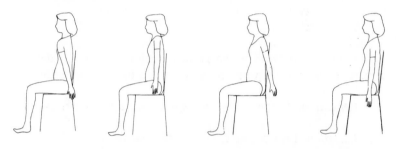

Répétition: 16 fois. Changez de direction après 4 cercles.

Variation: En marchant, faites 4 pas par cercle.

Exercice II: Effacement des épaules avec détente de la tête

Position de départ: Assise par terre, jambes allongées, les mains posées un peu en arrière des hanches, les doigts en avant.

Mouvement: Effacez les épaules en relâchant la tête en arrière. Les omoplates sont ramenées vers le bas et en arrière; le haut du dos est creux — inspiration. Ramenez les épaules et la tête en avant; le haut du dos s'arrondit — expiration.

Répétition: 4-8 fois.

Exercice III: Cercles des coudes

Position de départ: Assise, les mains placées sur les épaules, coudes en bas.

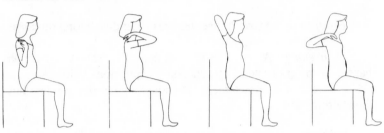

Mouvement: Décrivez de grands cercles avec les coudes en arrière, en haut — inspiration; en avant, en bas — expiration.

Répétition: 16 fois. Changez de direction après 4 cercles.

Variation: En marchant, faites 4 pas par cercle.

EXERCICES POUR SOULAGER LES MAUX DE DOS AU NIVEAU DES REINS
Faites aussi:
    Groupe 3, exercice I: Bascule du bassin.
    Groupe 3, exercice IV: Mouvement du bassin en rond.
    Groupe 7, exercice VI: Balancement latéral de la jambe.

Exercice IV: Massage de la région lombaire

Position de départ: Debout devant un mur, les jambes écartées, les pieds éloignés du mur. Appuyez la région lombaire contre le mur, mais ni le haut du dos, ni les fesses.

Mouvement: Balancez-vous en faisant porter votre poids sur une jambe puis sur l'autre, lentement et continuellement, en pressant les reins fortement contre le mur. C'est un vrai petit massage.

Répétition: Aussi longtemps que cela vous est agréable.

EXERCICES POUR SOULAGER LES INCONFORTS AU NIVEAU DU SACRUM ET DES AINES

Faites aussi:

Groupe 7, exercice V: Balancement de la jambe d'avant en arrière.

Groupe 7, exercice VI: Balancement latéral de la jambe.

Groupe 7, exercice VII: Balancement en cercle.

Exercice V: Cercle du bassin dans le plan horizontal

Position de départ: À quatre pattes, le poids du corps bien réparti sur les bras et les jambes.

Mouvement: Décrivez un cercle dans le plan horizontal; c'est le bassin qui conduit le mouvement. Portez le poids du corps sur le bras droit et la jambe droite, en arrière. Les mains ne quittent pas le sol. Portez le poids du corps sur la jambe et le bras gauche et revenez à la position de départ — le poids du corps réparti sur bras et jambes — expirez. Faites ce mouvement d'une manière très lente et continue.

Répétition: 8 fois. Changez de direction après 4 cercles.

EXERCICES POUR SOULAGER LES DOULEURS SCIATIQUES

Faites aussi:

Groupe 7, exercice V, VI et VII, en faisant les balancements beaucoup moins haut.

Exercice VI: Extension d'une jambe, région lombaire au sol

Position de départ: Couchée sur le dos, jambe droite allongée, genou gauche plié, pied posé au sol. Une petite balle dans les mains.

Mouvement: Inspirez, puis expirez en relâchant les muscles de la région lombaire. Faites 6 respirations en relâchant de plus en plus la région lombaire. À la septième, poussez le talon droit en avant et en bas, les reins toujours collés au sol, le poids du corps repose sur la balle. Maintenant tenez la pression du talon pendant 30 secondes, puis relâchez.

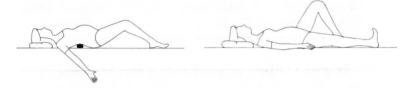

Répétition: 8 fois. Changez de jambe après 4 mouvements.

FATIGUE

N'allez jamais jusqu'à la limite de vos forces physiques ou nerveuses. Une fatigue excessive vous démoralise et vous vous en remettez bien lentement, car vous récupérez vos forces beaucoup plus difficilement que d'habitude. Ne dites jamais: «Je suis trop fatiguée pour faire des exercices». Bien au contraire, des mouvements de détente et de respiration, pratiqués paisiblement, vous débarrassent de la tension nerveuse qui chasse le sommeil.

CRAMPES

L'apparition fréquente de crampes dans les jambes est souvent attribuée à un manque de calcium ou de vitamine. Consultez le médecin: il vérifiera si vous en absorbez une quantité suffisante. La pratique régulière de la gymnastique fera très souvent disparaître ces crampes si désagréables et même douloureuses. Insistez sur les mouvements de détente des jambes. Pratiquez-les au lit, avant de vous endormir. Ainsi, pendant votre sommeil, les muscles seront détendus et vous aurez plus de chance de ne pas vous éveiller avec un mollet noué. Évitez de vous étirer, la pointe des pieds tendus.

Ce que vous pouvez faire pour trouver un soulagement immédiat en cas de crampes musculaires:

— *Crampe au pied:* Mettez-vous debout, appuyez fortement le poids du corps sur le pied.

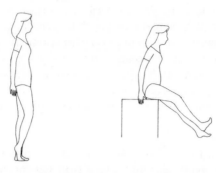

— *Crampe au mollet:* Ramenez rapidement la pointe du pied vers vous dans le but d'obtenir l'extension maximum des muscles du mollet.

— *Crampe aux hanches et aux fesses:* Asseyez-vous par terre ou sur une chaise, jambes allongées et balancez-vous d'un côté à l'autre en prenant appui sur les mains.

Pour faire disparaître les «impatiences» dans les jambes et éviter les crampes dans les mollets.

Si vous êtes obligée de rester longtemps assise (au bureau, au cinéma ou dans la voiture), vous souffrez facilement d'«impatiences» dans les jambes. Pour les éviter, étendez votre jambe en avant et posez le talon au sol mais sans l'y appuyer, le pied replié vers la jambe au maximum. Gardez cette position le plus longtemps possible. Vous devez sentir une forte extension tout le long de l'arrière de la jambe.

TROUBLES RESPIRATOIRES

Durant la grossesse, le poids de l'utérus augmente d'à peu près 20 fois et son volume de 16 fois. Il grandit à peu près 6 fois en hauteur et en largeur. Vers le troisième mois, il monte au dessus du pubis et atteint la hauteur de l'ombilic vers le cinquième mois. Il continue à monter jusqu'à deux ou trois semaines avant l'accouchement, quand le bébé descend et que sa tête s'engage dans le petit bassin. La femme respire plus facilement et peut aussi manger des portions un peu plus copieuses, l'estomac étant moins comprimé. L'utérus agrandi refoule les intestins et exerce une pression sur la vessie.

Sa respiration étant gênée par l'utérus grandissant, la future maman peut avoir des sensations d'étouffement, même lorsqu'elle est tranquillement assise ou même couchée. Si cette sensation vous empêche de dormir, ajoutez un ou deux oreillers et dormez tête et buste surélevés.

Pratiquez les mouvements suivants plusieurs fois par jour et surtout avant de vous coucher.

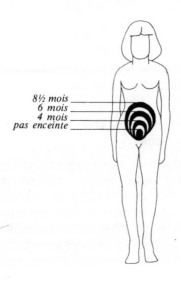

8½ mois
6 mois
4 mois
pas enceinte

EXERCICES POUR SOULAGER LES TROUBLES RESPIRATOIRES

Faites aussi:

Groupe 12, exercices I et II: respiration thoracique.

Groupe 13, exercice III: cercles des coudes.

Groupe 12, respiration rythmée (vous pouvez marcher en la pratiquant).

Exercice VII

Position de départ: Assise, les jambes croisées, tout le long du dos appuyé contre le mur et les bras étendus obliquement en bas, paumes en avant.

Mouvement: Glissez les bras le long du mur et levez-les tant qu'il vous est possible de les faire adhérer au mur — inspirez. Vous devez finalement être capable de lever les bras verticalement sans les détacher du mur. Baissez les bras — expirez. Étendez les genoux et faites le même mouvement avec l'autre jambe croisée en avant.

Répétition: 8 fois. Changez la position des jambes après 4 mouvements.

GROUPE 14

POSITIONS DE REPOS

La grossesse amoindrit la résistance à la fatigue. La future maman doit organiser sa journée pour qu'activités et repos alternent à un rythme adapté à son genre de vie.

Pendant les trois ou quatre premiers mois de la grossesse, vous avez besoin de plus de sommeil. Il est inutile de lutter contre l'envie de dormir. Il faut vous garantir une nuit de 8 heures de sommeil au moins et vous lever dès le réveil, quitte à vous recoucher dans la journée. Faire «la grasse matinée» engendre maux de tête et maux de dos.

Votre journée devrait être coupée par une sieste d'une demi-heure à une heure, soit avant, soit après le déjeuner. Un bon repos avant le repas, permet de manger avec plus de plaisir et de calme — manger fatigué ou à la hâte n'est profitable à personne, certainement pas à la future maman.

Pendant le sieste régulière, enlevez tout vêtement qui contraint, surtout chaussures et chaussettes. En plus, vous devriez vous ménager plusieurs fois dans la journée, de courtes périodes de repos. Les femmes qui restent à la maison devraient s'allonger, jambes surélevées; l'employée qui travaille assise devrait marcher quelques minutes et respirer profondément.

Vous devez interrompre les voyages en voiture tous les 60 à 90 kilomètres pour marcher au moins pendant 5 minutes.

Les adeptes de la télévision doivent se lever pendant les commerciaux pour marcher ou faire quelques exercices.

POSITIONS DE REPOS POUR LES JAMBES
a) Asseyez-vous par terre, face au mur. Posez les pieds au sol, genoux pliés. Appuyez-vous sur les avant-bras et couchez-vous lentement sur le dos. Posez maintenant les pieds l'un après l'autre contre le mur, les jambes formant presque un angle droit avec le corps. Maintenez cette position pas plus de 2 à 3 minutes, autrement les jambes s'engourdiraient.

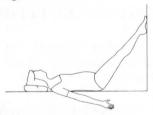

b) Au lieu de poser les pieds très haut contre un mur, posez-les sur un meuble bas, une chaise par exemple. La manière la plus confortable est de se coucher sur le palier de l'escalier, pourvu qu'il soit couvert d'un tapis épais, les jambes reposant alors sur les marches. Vous pouvez rester plus lontemps dans cette position, les jambes étant placées moins haut.

c) Si à cause de troubles circulatoires, le médecin vous conseille de dormir les jambes surélevées, ne vous contentez pas de mettre des coussins ou des traversins sur le matelas. Vous seriez obligée de rester couchée sur le dos, ce qui n'est peut-être pas votre position préférée, et vos jambes auraient vite fait de s'enfoncer dans les coussins. Procurez-vous plutôt des cales de bois ou des briques et placez-les sous les pieds du lit. De gros livres peuvent servir aussi à surélever le lit, mais assurez-vous de la fermeté du support. Le lit doit former une pente douce. N'enlevez par l'oreiller qui vous sert habituellement.

Notez qu'il n'est pas à conseiller de vous servir de coussins ou de traversins sous les genoux pliés durant le sommeil.

POSITIONS DE REPOS POUR RECONDITIONNER LE DOS FATIGUÉ

d) À quatre pattes, les cuisses en position verticale, les coudes sous les épaules, le menton appuyé sur les mains. Balancez-vous tout doucement d'avant en arrière. Vous pouvez lire votre journal dans cette position.

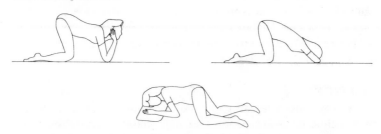

e) Même position, les avant-bras appuyés par terre, le front posé sur les mains. Ne restez pas plus de 2 ou 3 minutes ainsi.

f) Couchée en position trois quart abdominale. (Voir *La respiration et les positions pendant la première phase de l'accouchement.)*

GROUPE 15

MOUVEMENTS ET POSITIONS DE LA VIE QUOTIDIENNE ADAPTÉS À LA GROSSESSE

SE LEVER

Au réveil, vous oubliez facilement que vous êtes enceinte et vous vous levez en sursaut. Cette distraction peut avoir des effets désagréables; un léger vertige vous oblige à vous rasseoir ou une douleur soudaine dans le ventre est provoquée par la contraction brusque des muscles abdominaux qui pressent sur l'utérus. Évitez de passer rapidement de la position horizontale à la position verticale et levez-vous comme suit: roulez vers l'extérieur du lit, genoux pliés. Placez les mains sur le matelas, du même côté. Appuyez-vous les mains et les genoux pour vous asseoir, puis laissez pendre les jambes et attendez un moment dans cette position avant de vous mettre debout.

Pour vous lever du sol, roulez sur le côté comme décrit, agenouillez-vous — atttendez un moment. Posez une jambe en avant et levez-vous, le buste droit, laissant tout effort aux muscles des jambes. Couchez-vous de la même façon, sans qu'il soit nécesaire de vous arrêter.

S'ASSEOIR

Ne vous laissez jamais choir, avec un soupir, dans un fauteuil, buste incliné en avant. Choisissez une chaise confortable, assez haute et dure, au dossier droit. Posez un pied dans un pas en avant sur toute la plante, l'autre en arrière sur la pointe, en l'appuyant fortement contre le sol. Le poids du corps repose sur les deux genoux, jusqu'à ce que vous soyez assise. Levez-vous de la même manière. Ce sont uniquement les muscles des jambes qui accomplissent le mouvement pour vous asseoir et vous lever.

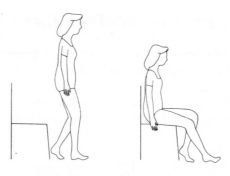

RAMASSER OU DÉPOSER UN OBJET PAR TERRE

Ces gestes, bien familiers, ne doivent pas être accomplis par une flexion du buste en avant, genoux raides. Cette manière de vous pencher est aussi inconfortable que disgracieuse et devient impossible pendant les derniers mois.

Pour ramasser ou poser un objet léger avec une main, placez le pied opposé en avant dans un pas, l'autre pied sur la pointe en arrière, fermement appuyé contre le sol. Le poids du corps repose également sur les deux jambes. Pliez les genoux pour descendre et remontez par l'extension des genoux.

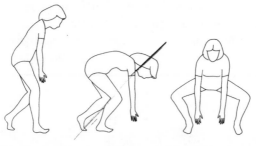

S'il s'agit de soulever un poids considérable, par exemple un jeune enfant, posez les pieds sur toute la plante dans un grand pas latéral et pliez les genoux, talons par terre jusqu'à la position accroupie. Soulevez l'enfant ou l'objet en étendant les genoux et en exerçant une forte pression des pieds contre le sol. Vous travaillez avec les muscles des jambes et ménagez les muscles abdominaux et ceux du dos. Déposez votre fardeau par terre de la même façon. Ce conseil est très précieux pour celles qui ont de jeunes enfants.

AIDER UN JEUNE ENFANT À MONTER L'ESCALIER

Au pied de l'escalier, placez l'enfant devant vous, face à l'escalier. Mettez vos mains sous ses bras. Montez la jambe droite sur la première marche en faisant asseoir l'enfant sur votre genou. Faites suivre la jambe gauche. Montez l'enfant avec la jambe droite. Changez de côté à mi-chemin. Portez les gros paquets de la même manière, ou mieux encore, faites-les livrer à la maison.

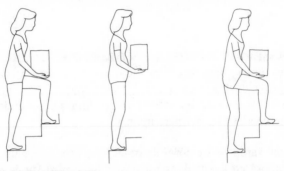

TRAVAILLER DEBOUT

Les futures mamans devraient éviter le plus possible de rester immobiles en station debout (voir les exercices pour les jambes, Groupe 7); elles devraient s'asseoir autant que possible, même si le travail se fait un peu moins vite. Pour pouvoir travailler à l'aise, il est nécessaire d'avoir une chaise assez haute. À cause de la forte pression qu'il faut constamment exercer, le repassage est le travail le plus fatigant pour les jambes et doit être fait en position assise.

Pour certains travaux, laver la vaisselle par exemple, il est impossible de s'asseoir. Comment rester debout avec un minimum de fatigue? Écarter un peu les jambes et au lieu de vous pencher, pliez les genoux légèrement. Tout doucement, balancez le poids du corps d'une jambe à l'autre. Le reflux du sang se fera plus facilement dans la jambe qui ne supporte pas le poids du corps. Vous obtenez le même effet que dans la marche en balançant le poids du corps de droite à gauche et de gauche à droite.

Procurez-vous un tapis en caoutchouc-mousse et placez-le devant l'évier; le sol dur augmente la fatigue des jambes et l'élasticité du tapis l'amoindrit.

DÉPOSER UN OBJET EN HAUT D'UNE ARMOIRE OU SUSPENDRE LE LINGE

Pour tout geste qui demande une élévation des bras et une extension du corps, procédez comme suit: posez une jambe en avant, le poids du corps réparti sur les deux jambes. Contractez bien fort les muscles fessiers et abdominaux. Montez sur la pointe des pieds pendant que vous levez les bras. Sans cette préparation, il est presque inévitable de cambrer les reins et de surétendre les muscles abdominaux. Des maux de dos et du bas-ventre en résulteraient.

ENTRER ET SORTIR DE LA BAIGNOIRE

Les futures mamans redoutent de tomber: leur équilibre est plus instable, leurs pas moins sûrs et leur distraction plus grande. Heureusement, les chutes ont rarement des conséquences pour le bébé qui est bien protégé contre secousses et coups, mais la mère est plongée dans l'inquiétude, sa santé lui étant doublement précieuse. Elle doit se méfier des chutes dans la salle de bains; c'est l'endroit «dangereux» de la maison. En y tombant, elle se heurte infailliblement contre un objet dur, baignoire ou lavabo. Il faut donc placer des tapis de caoutchouc adhérents aussi bien devant que dans la baignoire pour enrayer toute possibilité de glisser à l'entrée ou à la sortie du bain. Asseyez-vous de côté sur le bord de la baignoire et, pour y entrer ou en sortir, passez une jambe après l'autre en plaçant les mains derrière le dos.

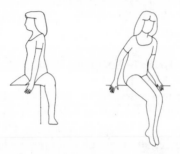

Pour nettoyer la baignoire, agenouillez-vous ou accroupissez-vous à l'intérieur et tournez peu à peu sur vous-même. Nettoyez la baignoire de l'extérieur est beaucoup moins confortable.

CHAPITRE III

L'UTILISATION DE L'ENTRAÎNEMENT PRÉNATAL PENDANT L'ACCOUCHEMENT

Lors de votre première visite, le médecin vous indique la date approximative de votre accouchement. Il base son calcul sur vos dernières menstruations et la hauteur de l'utérus. Au cours de la grossesse, il trouvera peut-être approprié de procéder à un examen par ultrason, une échographie. Cette méthode lui permet de déterminer l'âge exact du foetus et de préciser la date de sa naissance. Grâce à l'échographie, il peut faire une estimation de la vie intra-utérine et surveiller le progrès de la gestation.

Si vous attendez votre premier bébé, vous l'aurez probablement senti descendre 2 ou 3 semaines avant l'accouchement. Sa tête s'est engagée dans le petit bassin, c'est-à-dire dans la ceinture osseuse qu'il franchira pendant la dilatation. Cette descente peut se faire très vite, en quelques heures, ou, au contraire, lentement et presque imperceptiblement. Une fois engagé, le bébé pèse davantage sur la vessie, mais par contre vous respirez plus librement. Probablement que le bébé remue moins. C'est normal, ne vous en faites pas.

Durant la semaine qui précède l'accouchement, vous perdrez peut-être 1 ou 2 kilos.

Plusieurs jours avant l'accouchement, vous aurez beaucoup d'énergie et vous serez peut-être tentée d'entreprendre un gros ménage. Mais attention, vous aurez besoin de ce surplus d'énergie pour le «travail» d'accouchement, ne le dépensez pas d'avance. Il est très important d'être bien reposée, vous aurez plus de tolérance pour supporter les inconforts du travail.

Votre dernière visite chez le médecin a lieu peu de temps avant la date prévue pour l'accouchement. Lors de cette visite, le médecin vous donne des instructions précises quant au moment de vous rendre à l'hôpital. Il vous dira comment agir en des cas plutôt exceptionnels, par exemple si la rupture des membranes a lieu sans être suivie de contractions.

D'AUTRES SIGNES VOUS AVERTIRONT QUE LE TRAVAIL EST IMMINENT
Le bouchon muqueux qui se trouve dans le col peut apparaître de 12 à 24 heures avant le début du travail. Quand le col diminue en longueur et commence à se dilater, le bouchon n'est plus retenu. Vous apercevrez une perte muqueuse, striée de sang qui peut être trop minime pour être remarquée.

Le travail peut débuter par la rupture des membranes qui contiennent le bébé et le fluide amniotique. Le fluide peut arriver en jet ou bien goutte à goutte. (Chez la plupart des femmes, les membranes se rompent vers la fin de la dilatation. Parfois, le médecin juge nécessaire de les rompre pour avancer le travail. Cette petite intervention est absolument indolore).

Les contractions deviennent régulières, de plus en plus longues et intenses, et reviennent à des intervalles de plus en plus courts.

À partir de l'apparition des premières contractions faibles, une journée ou une nuit peuvent s'écouler avant que l'entrée à l'hopital ne soit jugée nécessaire. Sachez vous distraire pendant cette attente: vaquez à vos affaires, jouez au cartes avec votre mari, préparez votre petite valise, sans oublier d'y mettre votre livre de chevet. Si l'activité de l'utérus commence pendant la nuit, tâchez de vous rendormir entre les contractions. Ainsi, vous serez bien reposée et pleine de confiance quand le moment de partir sera venu. Vous avez fait tout votre possible pour vous préparer physiquement et moralement à l'accouchement; vous possédez des muscles tonifiés qui obéissent aux implusions de la volonté et des articulations souples qui faciliteront l'accomplissement de votre tâche. Vous vous savez capable de mettre en pratique les différentes techniques respiratoires en vue d'une détente complète ou d'un effort efficace. Vous vous rappelez aussi les nombreux témoignages des femmes qui disent «leur grand bonheur et leur joie indescriptible» au moment d'affronter le vrai but de leurs efforts de préparation.

Une fois que vous êtes installée dans votre chambre d'hôpital, plusieurs heures peuvent passer avant que vous ne soyez obligée de vous coucher. Peut-être préférez-vous vous asseoir ou faire les cent pas? Nous donnons plus loin la description des différentes poses que vous pouvez prendre pendant la première phase de l'accouchement et avec lesquelles vous vous êtes familiarisée au cours de votre entraînement. Nous indiquons également les différentes techniques respiratoires qui ajoutent à votre confort et facilitent le travail. Autant que possible, choisissez votre position préférée et changez-la quand bon vous semble. C'est souvent la position du bébé qui rend telle position confortable et telle autre très désagréable.

Dans plusieurs hôpitaux, un moniteur est employé pour surveiller étroitement la fréquence des contractions, leur durée et leur intensité, ainsi que le rythme du coeur foetal, soit pour une période donnée ou pendant toute la durée du travail. L'installation de cet appareil n'est pas douloureuse, mais une fois qu'il est installé, vous êtes obligée de rester couchée sur le dos ou sur le côté, ce qui risque d'être inconfortable. Votre mari peut alors vous masser tout le long du dos *entre* les contractions. *Pendant* les contractions, l'inconfort est localisé au niveau lombaire. Pour le soulager, votre époux, doit exercer une pression rythmée dans cette région: il presse fortement en inspirant et un peu mois fortement en expirant (voir *Pour vous, futur papa*).

Votre rôle, pendant la première phase de l'accouchement, est de rester passive physiquement, d'accepter le cours des événements et de surveiller mentalement vos contractions. Soyez complètement détendue, tant que la nature des contractions vous le permet. Soyez consciente de ce qui se passe en vous, et en même temps soyez, en quelque sorte, détachée. Votre mari et les infirmières veilleront auprès de vous et leur présence vous inspirera confiance et courage. Vous vous sentirez en sécurité dans un entourage tranquille et vous pourrez vous adonner tout entièrement à votre travail: vous détendre et vous contrôler.

Quand vous réalisez que vous ne pouvez plus vous détendre dans les mêmes positions et que vous éprouvez le besoin d'accélérer la respiration au maximum, c'est-à-dire de pratiquer la respiration haletante, vous êtes arrivée à la période de transition. Elle dure environ une demi-heure et les contractions d'environ une minute se suivent à des intervalles très courts (1 à 2 minutes). La plupart des femmes ont une période de transition bien marquée, mais chez quelques-unes elle passe inaperçue. En général, c'est la partie la plus laborieuse de l'accouchement et elle peut être accompagnée de symptômes désagréables. Si vous êtes saisie de tremblements de tout le corps ou des cuisses, accompagnés de claquements de dents, si vous éprouvez des vagues de chaleur alternant avec des grelottements ou si vous avez mal au coeur, ne pensez pas: «Pauvre moi, qu'est-ce qui m'arrive». Sachez que ce sont des symptômes normaux et que vous êtes arrivée au point culminant des malaises; bientôt vous pourrez vous mettre au travail pour aider à l'expulsion de votre enfant. La respiration haletante vous apportera un soulagement extraordinaire.

Au début de la deuxième phase, votre fatigue disparaîtra comme par enchantement. Vous serez installée sur la table d'accouchement, prête à suivre les instructions de votre médecin et à appliquer la respiration appropriée pour soutenir les efforts d'expulsion. Les efforts à demi-retenus n'avancent pas votre travail. Ils créent plutôt la douleur, tandis que les efforts bien dirigés vous soulagent et hâtent la naissance du bébé. Vous apprécierez beaucoup la souplesse de votre corps. Entre les contractions, vous aimerez peut-être alternativement creuser les reins et les appuyer contre la table. Vous serez heureuse de ne pas être maladroite.

EN RÉSUMÉ

La première phase de l'accouchement est la partie passive du point de vue physique, c'est-à-dire que les muscles volontaires n'entrent pas en action, mais vous êtes alerte pour surveiller constamment votre détente et rythmer votre respiration selon les contractions utérines.

La deuxième phase de l'accouchement est la partie active. Les muscles volontaires passent à l'action pour aider l'utérus dans son effort d'expulsion du bébé.

La fin de la première phase coïncide avec le début de la deuxième: pendant que la dilatation s'achève, les réflexes d'expulsion commencent à s'établir. Vous sortez de votre état de passivité pour devenir peu à peu active: c'est la période de transition. Pour faciliter les explications, nous divisons la première phase en deux parties: la première s'étend du début du travail jusqu'à la transition et la seconde est la période de transition. Le début de la période de transition coïncide avec une dilatation de 8 centimètres pour un premier bébé et de 6 ou 7 centimètres pour les enfants suivants.

La troisième phase de l'accouchement, l'expulsion des suites, ne demande pas de comportement spécial.

Les contractions utérines qui accomplissent le travail de dilatation et d'expulsion ne ressemblent à aucune autre sensation. Vous les sentez venir, devenir plus fortes, atteindre un sommet plus ou moins longtemps soutenu, puis s'affaiblir. En général, elles prennent plus de temps pour augmenter en intensité qu'il ne leur en faut pour diminuer. L'utérus ne se contracte pas entièrement à la fois; en partant d'un centre, la contraction se propage et les fibres musculaires se tendent et se détendent peu à peu. Cette contraction suivie d'une détente progressive produit l'impression d'une vague. Vous devez guetter cette vague, la suivre depuis le début jusqu'à la fin et y adapter la respiration qui convient.

Au début de chaque contraction, prenez une respiration profonde; à la fin de chaque contraction, prenez une ou deux respirations profondes, puis respirez normalement. Aucun contrôle de la respiration n'est nécessaire pendant les intervalles, puisque vous ne ressentez absolument rien.

A. La respiration et les positions pendant la première phase de l'accouchement

Tant que les contractions sont courtes, peu intenses et espacées, il suffit de les accompagner d'une respiration un peu plus lente et un peu plus profonde que pendant les intervalles. Respirez ainsi régulièrement du début à la fin de la contraction. Choisissez n'importe laquelle des positions décrites pour la première partie de la dilatation et, à moins d'être couchée, balancez-vous doucement au rythme de la respiration. Nul besoin de faire un grand effort de concentration pour rester détendue et assurer un rythme régulier à la respiration qui accompagne les contractions. Pensez-y sans trop y penser.

Entre les contractions, reposez-vous ou occupez-vous: dans la maison, jouez aux cartes ou lisez. Vous trouverez probablement que vous ne prenez pas les choses trop au sérieux, mais quand les contractions se répètent aux 5 minutes et durent environ 40 secondes, un grand changement se produit: vous devenez d'un coup beaucoup plus sérieuse et n'avez plus aucune envie de vous distraire entre les contractions. Si le choix des positions est encore le même, vous vous rendez compte que respirer régulièrement tout le long de la contraction n'apporte plus de soulagement. Respirer profondément devient désagréable, sauf au début et à la fin de la contraction. Prenez donc une profonde respiration quand vous sentez la contraction commencer puis, au fur et à mesure qu'elle devient plus forte, accompagnez-la d'une respiration devenant peu à peu plus superficielle et plus rapide. Avec le déclin de la contraction, respirez plus profondément et plus lentement.

Finissez avec un grande respiration. Cette régulation de la profondeur et du rythme de la respiration selon l'intensité de la contraction se fait instinctivement.

Plus la contraction est forte, moins la respiration doit être profonde, afin d'éviter l'appui du diaphragme sur l'utérus en contraction. Toute votre attention est nécessaire pour bien rythmer la respiration en harmonie avec la contraction. C'est ainsi que vous serez soulagée au maximum. Si vous respiriez plus vite que la contraction ne le demande, vous vous fatiguerez inutilement. Si vous respirez trop lentement, vous n'aurez pas de contrôle sur la contraction.

Concentrez-vous surtout sur le rythme de la respiration: au début, profonde inspiration, puis accélérez la respiration tant que nécessaire jusqu'au sommet de la contraction. Ralentissez ensuite la respiration peu à peu jusqu'à la fin de la contraction et prenez une ou deux grandes respirations. Vous accélérez ainsi la respiration au fur et à mesure que la contraction devient plus longue et plus intense.

Au moment de la période de transition, et pas avant, vous ferez la respiration haletante.

L'utérus, en se contractant, devient non seulement dur mais aussi prépondérant. Les muscles abdominaux doivent être détendus pour ne pas presser sur l'utérus. La respiration accélérée qui facilite la détente en général, facilite en particulier la détente des muscles abdominaux. Vous respirerez de plus en plus haut et vous aurez l'impression que la respiration haletante se fait dans la bouche, que vous laisserez légèrement ouverte. (N'oubliez pas le morceau de gaze mouillé d'eau froide.)

La respiration haletante se fait, en général, bouche en-trouverte. Toutefois, bon nombre de parturientes parviennent à haleter la bouche presque fermée: elles ont ainsi la bouche et la gorge moins asséchées. Il est difficile de parvenir à un détente aussi complète en respirant par le nez. Vous pouvez essayez d'alterner bouche légèrement ouverte et légèrement fermée. Dans tous les cas, l'air doit être soufflé la bouche ouverte.

POSITIONS À PRENDRE PENDANT LA PREMIÈRE PHASE DE L'ACCOUCHEMENT

Le travail débutera par des contractions courtes et peu intenses. Toutefois, vous cesserez instinctivement toute activité pendant ces contractions et vous prendrez une des positions décrites ci-après. Ces positions sont recommandées dès l'apparition des contractions.

Autant que possible, la parturiente aura la liberté de choisir la position qui lui convient le mieux sur le moment.

1) *Debout:* Beaucoup de parturientes aiment marcher entre les contractions, soit qu'elles vaquent à leurs occupations à la maison, soit qu'elles fassent les cent pas à l'hopital.

Au moment de la contraction, tournez-vous face au mur, à une distance d'à peu près trois pieds, jambes écartées, pointes des pieds légèrement tournées vers l'intérieur et genoux un petit peu pliés. Appuyez les mains contre le mur à la hauteur des épaules, les doigts tournés en dedans. Repoussez-vous du mur et arrondissez le dos. Placez la tête sur un bras.

Ne restez pas immobile, mais balancez-vous tout doucement d'une jambe à l'autre, d'avant en arrière ou bien en rond.

Variation: Tournez le dos au mur, les talons assez éloignés. Arrondissez le dos, de manière à ce que seulement la région lombaire presse contre le mur et balancez-vous d'une jambe à l'autre. (voir Groupe XIII exercice I).

2) *Assise:* Sur un tabouret auprès d'une table sur laquelle vous avez placé un coussin, ou bien à cheval sur une chaise à dossier. Entre les contractions, tant qu'elles sont espacées, vous pouvez lire, jouer aux cartes, etc.

Au moment des contractions, reposez la tête sur les avant-bras (cette position est très confortable pour se faire masser le dos).

Variation: Soulevez les coudes et appuyez-vous sur les mains en vous balançant doucement d'avant en arrière ou bien levez-vous comme décrit pour la position debout.

Dans la voiture, en vous rendant à l'hôpital, asseyez-vous sur la banquette arrière. Pendant la contraction, appuyez les avant-bras sur le dossier du siège avant.

3) *À quatre pattes:* Soit par terre, soit dans le lit. Au moment des contractions, balancez-vous de droite à gauche, d'avant en arrière ou en rond. Entre les contractions, couchez-vous, asseyez-vous ou marchez.

Si, en position debout, assise ou à quatre pattes, vous vous balancez doucement, corrdonnez la respiration avec le mouvement: inspirez — balancez à droite, expirez — balancez à gauche, pause et continuez. Comptez une mesure de trois temps. Ou bien, si vous voulez respirer plus lentement, comptez deux temps pour la pause. Si vous vous balancez en rond, prenez une respiration par cercle.

4) *Au lit, couchée sur le dos:* Bras un peu écartés du corps, les genoux pliés, jambes supportées par un coussin mis sous le genoux pliés. Au moment des contractions, veillez à la détente complète.

Peut-être chercherez-vous à faire un petit mouvement mono-tone durant la contraction. Vous pouvez soit rouler doucement la tête à droite et à gauche, soit amener les cuisses légèrement à droite et à gauche, soit soulever un peu une main et la laisser retomber.

Couchée sur le côté, genoux pliés, dos arrondi. Posez un oreiller entre les avant-jambes à partir des genoux. Placez les bras de la façon la plus confortable. Cette position se prête très bien à un massage du dos.

Couchée trois quarts sur le côté, la jambe droite allongée, genou légèrement plié; la jambe gauche est croisée devant la jambe droite et le genou plié repose sur un coussin. Le bras droit posé en arrière (vous pouvez indiquer avec la main quand et exactement où vous voulez être massée).

Si cette position du bras droit ne vous convient pas, pliez les coudes et reposez la tête sur les mains ou adoptez toute autre posi-tion des bras qui vous convient. L'essentiel n'est pas de suivre le livre à la lettre, mais d'être confortable à votre façon!

POSITIONS PENDANT LA TRANSITION

Le début de la transition est souvent marqué par un besoin de changer de position qui coïncide avec le besoin de haleter.

Pourtant, quelques positions décrites pour la première partie de la dilatation sont encore confortables pendant la deuxième, par-fois avec de légères modifications:

La position couchée trois quarts comme décrite.

La position couchée sur le dos.

a) Placez la plante des pieds fermement sur le matelas. Des mains, attrapez les chevilles. Si vous ne parvenez pas facilement à tenir les chevilles, tenez le matelas, mais sans vous y agripper.

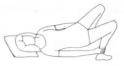

b) Couchée sur le dos, pieds fermement placés sur le matelas, posez les poignets sous le bassin ou mettez-y un coussin ferme.

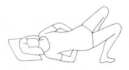

c) Posez le pied sur le matelas. Croisez la jambe gauche devant la jambe droite, genou plié et écarté et saisissez la cheville.

d) Pliez et écartez les genoux et ramenez-les à côté du tronc. Saisissez les genoux par l'extérieur.

3) *La position assise dans le lit.*

Posez une oreiller entre votre dos et la tête du lit; vous aimerez probablement creuser les reins pendant les contractions. Placez les mains sur le matelas derrière les épaules. Penchez la tête en arrière ou reposez-la sur une épaule. Entre les contractions, penchez-vous en avant pour reposer le dos et enlevez les mains du matelas.

a) Assise de la manière décrite, les genoux pliés et les pieds posés sur le matelas.

b) Les jambes croisées, genoux pliés.

c) Les genoux pliés et bien écartés, les plantes des pieds posées l'une contre l'autre.

d) Les deux jambes pliées sur un côté. Si vous pliez les jambes à droite, appuyez la plante du pied gauche contre la cuisse droite.

Changez les jambes d'une position à l'autre entre les contractions. Penchez le buste en avant et reposez les mains.

4) Sauf dans des cas très rares, la parturiente trouve une position confortable dans le lit pendant la transition. Sinon, peut-être lui sera-t-il permis de s'asseoir sur un tabouret ou dans un fauteuil.

a) Assise sur un tabouret: pieds placés par terre, bien écartés, les doigts de pieds pointés en avant. Les mains sont appuyées sur le bord arrière du tabouret, le dos creux et la tête reposant sur une épaule.

b) Assise dans un fauteuil: la tête appuyée sur le bord du dossier, un oreiller dans le dos.

B. La respiration et l'effort musculaire pendant la deuxième phase de l'accouchement

Vous êtes installée sur la table d'accouchement. La dilatation est complète. La tête du bébé a traversé le bassin osseux et se trouve maintenant en haut du vagin. Il lui reste à traverser le vagin et la vulve. Pendant la contraction, la tête du bébé sera pressée contre le rectum, ce qui vous donne envie de pousser. Vous n'avez plus mal aux reins. La fatigue de la fin de la dilatation a disparu et vous êtes heureuse de pouvoir pousser selon les directives de votre médecin. Quand la contraction commence, prenez une profonde inspiration. Expirez à fond, puis inspirez à nouveau amplement, mais moins que la première fois. Bloquez la respiration. Le diaphragme exerce une très forte pression sur l'utérus, qui ne doit pas cesser pendant toute la durée de la contraction. À la fin, expirez. Prenez une ou deux profondes respirations et respirez normalement, jusqu'à la contraction suivante. Il est difficile de bloquer la respiration pendant le temps que dure la contraction (1 minute ou plus). Pour vous rendre la tâche plus facile, vous pouvez soit expirer une bouffée d'air entre les dents en ouvrant les lèvres et reprendre autant d'air que vous en avez expiré, c'est-à-dire faire une reprise d'air, soit ouvrir très peu la bouche et respirer plusieurs fois, d'une manière saccadée, par le haut des poumons, sans lâcher la pression que le diaphragme exerce sur l'utérus. D'une manière ou d'une autre, vous n'aurez pas interrompu votre effort d'expulsion et vous aurez quand même renouvelé un peu l'air inspiré.

Si le médecin vous recommande au début de la contraction de pousser doucement, inspirez beaucoup moins avant de bloquer. Si, au cours de la contraction, le médecin vous demande de pousser davantage, ajoutez à l'air déjà inspiré; vous sentirez que la pression du diaphragme s'accroît.

Peut-être que le médecin vous recommandera à nouveau de pousser moins fort: expirez un peu entre les dents; la pression du diaphragme décroît. C'est donc avec la respiration que vous pouvez parfaitement bien régler votre effort. Pensez aux pneus des roues de votre voiture: plus ils sont remplis d'air, plus la pression monte; la pression diminue avec l'échappement de l'air.

Le médecin vous demande d'arrêter de pousser quand la tête du bébé appuie sur le périnée. Vous éprouverez peut-être alors une grande chaleur au niveau du périnée provenant de sa distension. Peut-être serez-vous inconfortable, pendant un court moment mais surtout très émue en pensant que dans quelques minutes vous verrez votre enfant.

Malgré la forte envie de pousser que vous donne la contraction utérine, vous devez absolument vous en abstenir à la demande du médecin. Il pourra vous demander dès le début de la contraction de rester détendue tant qu'elle dure. Il pourra aussi vous demander d'alterner, de pousser et de ne pas pousser, pendant une même contraction. Dans le premier cas, restez couchée et détendue et haletez la bouche ouverte comme vous l'avez appris. Dans le deuxième cas, ayant bloqué la respiration, expirez complètement et commencez immédiatement la respiration haletante avec la détente musculaire.

L'EFFORT MUSCULAIRE

Quand vous êtes installée sur la table, vos jambes reposent sur les étriers et une bande retient vos mains aux poignées. Vous êtes sûre ainsi de ne pas gêner le médecin par des mouvement inconsidérés et vous avez besoin de bons points d'appui pour vos efforts.

Une fois que vous avez bloqué la respiration, le diaphragme pousse sur le haut de l'utérus, les muscles abdominaux sur le devant et le bas du dos presse contre la table dure: ainsi vous aidez l'utérus à expulser le bébé.

L'EXPULSION

Ayant bloqué la respiration, tirez les poignées vers vous ou poussez-les en bas. De toute manière, écartez les coudes et baissez le menton sur la poitrine (vous pouvez soulever la tête, peut-être même les épaules et le haut du dos; en ce cas, une infirmière ou votre époux pourrait vous soutenir la tête à la hauteur voulue). Pressez les reins fermement contre la table, tous les muscles du tronc et des bras contribuant à l'effort de l'expulsion. Pensez toujours à pousser de haut en bas, vers la vulve qui s'ouvre. Faites un effort bien pensé, bien dirigé, jamais brutal ou désordonné. Il s'agit de coordonner parfaitement la contraction utérine avec l'effort des muscles volontaires et non pas de pousser n'importe comment.

Seuls les muscles des jambes et du périnée sont détendus durant l'effort. Laissez les jambes reposer dans les gouttières et permettez au périnée de s'étirer. N'opposez pas une résistance inutile, vous retarderiez la naissance de l'enfant.

Défauts à éviter:
Rejeter la tête en arrière: vous forceriez du cou et non pas des muscles abdominaux.

Ramener les coudes contre le corps: vous auriez beaucoup moins de force.

Creuser les reins: vos muscles abdominaux seraient étendus au lieu d'être contractés. Ne vous retenez pas si vous avez envie d'uriner, vous contracteriez le périnée; des petits accidents sont souvent inévitables.

Essayer de ramener les jambes en tournant les genoux en dedans: chaque contraction des muscles des jambes ou même des pieds tend à contracter les muscles autour de la vulve.

Faire des grimaces: c'est un effort inutile et même nuisible, parce que trompeur. Vous vous imagineriez travailler bien fort, mais ce n'est pas avec les muscles de la figure que vous aidez l'utérus à expluser le bébé, mais avec les muscles abdominaux. Gardez les yeux grand ouverts: vous devez regarder le médecin qui dirige vos efforts. Joignez les mâchoires sans les serrer l'une contre l'autre.

Dès que l'enfant est né, la mère s'adonne au bonheur de le contempler et d'écouter ses premiers cris. L'utérus vidé commence à se rétrécir et à expulser le placenta.

C'est la troisième phase de l'accouchement.

C. Pour vous, futur papa

Depuis longtemps, nous avons voulu intéresser les maris à nos cours de préparation à l'accouchement. Ce n'était pas chose facile. La notion était tellement nouvelle pour les couples, ainsi que les médecins et les infirmières. Je me rappelle très vivement la première conférence à laquelle j'ai invité les maris: le premier arrivé s'assit sur le bord de sa chaise, tout près de la porte, prêt à prendre la fuite s'il devait rester le seul homme parmi toutes ces dames qui arrivaient, non accompagnées. Mais après l'arrivée du deuxième, le premier s'assit un peu plus en arrière sur sa chaise et quand il y eut quatre ou cinq messieurs dans la salle, ils s'installèrent tous confortablement.

Bientôt, les maris ne se firent plus prier pour venir aux conférences où l'assistance était de plus en plus nombreuse. Maintenant, nous ne donnons plus de conférences, mais les maris accompagnent leur épouse aux cours à partir du septième mois. En petits groupes, les couples se sentent bien à l'aise pour poser des questions, pour exprimer leurs doutes et leurs angoisses et un échange très libre s'établit entre le groupe et le professeur.

Durant la grossesse, les situations sont changeantes et impondérables et le mari rencontre des difficultés à trouver sa place dans les chambardements que vit son épouse. Certaines pensées peuvent effleurer son esprit: «Je ne vois pas ce que j'ai à faire dans tout cela.», «C'est ma femme qui est enceinte et pas moi.», «Je ne sais quoi faire pour l'aider.» Ce pauvre mari peut se sentir gauche et démuni, même coupable devant son épouse irritable, hypersensible et qui a des nausées. En même temps il est fier et content. Les sentiments qu'il éprouve sont tout à fait normaux et il ne devrait pas les cacher derrière une façade sans faille. Au contraire, s'il sait exprimer ses joies et ses angoisses, son épouse peut mieux le comprendre et se rapprocher de lui.

Les cours pris ensemble permettent aux couples de vivre la grossesse le plus harmonieusement possible. Ayant acquis toutes les connaissances nécessaires quant à l'accouchement, ils l'envisagent avec confiance. La paix au coeur, la femme peut braver toutes les fatigues et les inconforts qui l'attendent. Son mari sera là, son moniteur qui l'encourage par des mots pleins d'amour et la dirige pour qu'elle n'ait pas à chercher ce qu'elle doit faire car, ensemble, ils ont appris et pratiqué les positions, les respirations et ils ont simulé l'effort de l'expulsion. D'ailleurs, les infirmières et le médecin sont là pour vous aider. Ayez confiance en eux et n'hésitez pas à leur demander conseil et support. Mais il est pratiquement impossible de retenir les services constants d'une infirmière. Seule dans sa chambre, votre épouse se sentira vite délaissée. Elle sera bientôt en proie à de sombres pensées qui l'empêcheront de se détendre et de mettre à profit les techniques respiratoires qu'elle a apprises. Votre présence est donc nécessaire et même indispensable pour que l'accouchement devienne la belle inoubliable expérience dont parlent tant de jeunes mamans heureuses. Le cadeau de votre présence sera celui que votre femme appréciera plus que tout objet que vous pourriez lui acheter.

Voyez à ce que votre épouse garde son sang-froid, bannisse tout signe d'énervement et se sente en pleine confiance. L'esprit calme, rassurée par votre présence et votre entière participation aux événements qui se déroulent, elle saura maîtriser les contractions comme on le lui a enseigné.

Cette détente que votre présence lui apporte lui fera profiter au maximum de la méthode d'accouchement conscient qu'elle désire réussir.

Évitez les maladresses qui pourraient inquiéter votre épouse. Elle oubliera difficilement un manque d'attention ou un manque de tact, volontaire ou non de votre part, de la part de l'infirmière qui viendra lui rendre souvent visite ou de la part de n'importe quelle autre personne, même la réceptionniste à l'entrée de l'hôpital. Cette même condition de sensibilité extrême accordera à tout geste gentil et délicat un mérite qu'elle n'oubliera pas facilement. Voilà pourquoi la femme parle de son accouchement durant de si longues années. Si elle a été laissée seule, si elle pense avoir été traitée avec dureté et sans considération, elle s'en plaindra longtemps. Par contre, elle ne tarira jamais d'éloges envers les personnes qui l'auront encouragée et soutenue dans ses efforts, qui auront compris ses réactions et deviné ses désirs.

Quelques jours avant le grand événement, votre femme peut ressentir un surplus d'énergie et elle vous dira son intention de nettoyer la maison de fond en comble. Tâchez de l'en distraire, pour qu'elle ne dépense pas inutilement les forces que la nature lui donne pour ce grand travail qu'est mettre son enfant au monde. Il est très important qu'elle soit en grande forme, et bien reposée. La fatigue la rendrait irritable, mal endurante et moins patiente.

Nous avons décrit ailleurs les signes du début du travail, mais malgré l'évidence, votre épouse doutera probablement que le moment de partir est vraiment arrivée. Elle sera peut-être peu pressée de quitter la maison, beaucoup moins que vous, qui avez hâte de la savoir en sécurité à l'hôpital. Elle semblera insouciante, trouvera bien des choses à ranger dans la maison: son calme, sa gaieté parfois un peu enfantine vous surprendront peut-être. Sachez que vous n'êtes pas le seul à piétiner impatiemment.

Vous pouvez noter si et quand votre épouse a des pertes sanguines et des pertes de liquide amniotique (le médecin vous a certainement donné des instructions à cet égard). Vous devez noter la durée des contractions et leur fréquence. En entrant à l'hôpital, vous donnerez ces renseignements à l'infirmière. Elle les appréciera beaucoup.

Une fois installée dans sa chambre à l'hôpital, votre femme deviendra peu à peu sérieuse. Elle a maintenant besoin de se concentrer pour bien contrôler ses contractions. Veillez à ce qu'elle respire tranquillement et se détende parfaitement; décelez le moindre signe de contraction: une grimace, une main qui se ferme en poing, les doigts de pieds qui bougent. Il lui est facile de revenir sur le bon chemin si elle s'en est écartée de peu, mais difficile si elle s'en est trop éloignée. Parlez-lui d'une voix monotone, douce et rappelez-lui le rythme de la respiration.

Au fur et à mesure que votre femme devient plus silencieuse, parlez moins, vous aussi. Ne lui posez jamais de questions pendant une contraction. Elle se croirait obligée de répondre et perdrait le rythme de sa respiration; du coup, la contraction deviendrait douloureuse. Ne chuchotez jamais dans sa chambre; elle croirait que vous avez quelque chose à lui cacher. Ne bavardez pas avec les infirmières; votre femme en sera agacée, mais incapable de le dire. Même si elle a l'air de dormir, de sommeiller, elle s'aperçoit de tout, enregistre tout. Ne sortez jamais de sa chambre sans la prévenir, mais précisez bien pour combien de temps vous comptez vous absenter.

Votre simple présence rassurera peut-être tellement votre épouse qu'elle ne verra aucune objection à ce que vous vous étendiez pour vous reposer ou pour lire — vous trouverez probablement les heures plus longues qu'elle, qui a perdu la notion du temps.

Pendant les contractions, la plupart des femmes ressentent de l'inconfort dans la région lombaire sous forme d'une forte pression de l'intérieur vers l'extérieur. Elle sera soulagée si elle arrondit le dos et, très souvent, une contre-pression venant de l'extérieur fera disparaître le malaise. Donc, appuyez vos mains, doigts étendus et joints, contre la région endolorie et exercez une forte pression. Cette pression ne doit pas venir de la force des bras, mais de l'appui du poids du corps.

Au lieu d'exercer simplement une pression sur place, vous pouvez tourner vos mains en rond. Pour se faire masser, votre femme peut s'asseoir ou se coucher.

Les infirmières viendront régulièrement examiner votre femme et vous tenir au courant du progrès de la dilatation; 4, 5, 6, 7, 8 centimètres — là vous remarquerez un changement dans son attitude. Ce changement a lieu plus tôt, à 6 ou 7 centimètres si elle a déjà donné naissance.

Votre épouse vous demandera peut-être quelle heure il est, à quelle heure elle va accoucher. Peut-être se découragera-t-elle pour un moment et s'avouera-t-elle trop fatiguée pour continuer son contrôle. Ces pensées sont caractéristiques du début de la transition, la période la plus inconfortable de tout le travail. Les contractions sont longues; elle peuvent durer une minute. Votre femme aura l'impression d'être presque constamment en travail, avec juste le temps de prendre quelques lentes et profondes respirations entre les halètements.

D'autres signes peuvent accompagner la période de transition:

Désir de changer de position: vous lui rappelerez les différentes possibilités et l'aiderez à adopter la position de son choix.

Arrêter le massage et ne plus la toucher: quand votre femme vous le demandera, même un peu brusquement, n'en soyez pas offensé.

Tremblement de tout le corps ou seulement des cuisses: ne vous effrayez pas, le tremblement ne dure pas et souvent un changement de position aide à l'arrêter.

Nausées et même vomissements: pour le travail d'expulsion, l'estomac doit être vide. Les nausées se contrôlent souvent par la respiration haletante.

Alternativement froid et chaud: elle vous demandera de fermer la fenêtre, puis de l'ouvrir, de la couvrir et d'enlever les couvertures. Sachez qu'il ne s'agit pas là d'une simple fantaisie.

Désir de respirer plus rapidement: la respiration haletante s'impose.

Il se peut très bien que la période de transition se passe sans qu'aucune de ces sensations désagréables ne vienne ennuyer votre épouse. Mais si elle en ressent, vous saurez que tout est normal.

Pendant la période de transition (dilatation de 7, 8 centimètres à dilatation complète, environ 10 centimètres, qui dépasse rarement une demi-heure, ne quittez pas votre épouse une seconde. Elle a besoin de sentir votre force et votre volonté ferme; elle ne demande qu'à obéir.

Pratiquez avec elle la respiration haletante; imposez-lui un rythme régulier. Comme cette respiration assèche la bouche et la gorge, mouillez-lui les lèvres, avec un linge, essuyez-lui le front ou bien placez un morceau de gaze stérile sur sa bouche. Trempez la gaze dans de l'eau froide après chaque contraction.

Rappelez-lui de presser la langue contre les dents de la mâchoire inférieure, entre les contractions. La langue appuie ainsi sur les glandes salivaires.

À la fin de la période de transition, votre femme est amenée à la salle d'accouchement. Son médecin l'y attend. Le plus gros et le plus long du travail est accompli.

Dans la plupart des hôpitaux, le mari est admis à la salle d'accouchement, sous certaines conditions, bien entendu: que la femme désire accoucher consciemment, que les époux désirent être ensemble pendant la naissance de leur enfant et que le médecin prévoie que le spectacle sera beau. C'est uniquement au médecin de juger si oui ou non la présence du mari est désirable, mais, petit conseil pour les maris qui hésitent: gentiment invité à vous déguiser en médecin, vous pouvez être sûr que l'habit que vous enfilez vous donnera dignité et forces.

Quel est le rôle du mari dans la salle d'accouchement? Avant tout, être présent. Votre seule présence est un réconfort pour votre femme, même si vous avez l'impression que toute son attention est concentrée sur le médecin. Bien sûr, c'est de lui qu'elle attend des ordres, des directives, c'est lui qui la tient au courant du progrès déjà fait, des efforts à faire encore, mais avec son consentement, vous pouvez quand même rendre de petits services à votre femme: soutenir sa tête à la hauteur voulue quand elle fait l'effort d'expulser, lui rappeler d'écarter les coudes, de presser le menton sur la poitrine, de regarder le médecin, et de ne pas faire trop de grimaces. Vous pouvez lui rappeler de bien se détendre et de haleter quand le médecin lui ordonne de ne pas pousser pendant la contraction — mais tout cela seulement si le médecin vous y autorise. Votre sourire encourageant, votre main sur la sienne, chaque petit geste d'affection fera partie des souvenirs que votre femme gardera de son accouchement, souvenirs qui resteront quand fatigue et inconfort seront depuis longtemps oubliés.

Vous-même, vous serez plus riche d'un merveilleux souvenir. Après de longues heures de travail, vous pourrez partager sa joie en voyant l'enfant naissant. Jamais vous n'aurez vu votre femme aussi belle qu'au moment où elle le tient dans ses bras la première fois.

Les témoignages suivants, parmi lesquels figurent ceux de maris qui ont assisté à l'accouchement de leur femme, sont, je crois, les premiers publiés. Rien ne vaut la spontanéité de ces lettres qui expriment la reconnaissance des jeunes papas envers les médecins et les hôpitaux grâce auxquels ils ont pu vivre cette expérience.

D. Témoignages

RÉSULTATS DE LA PRÉPARATION À L'ACCOUCHEMENT

Pendant la grossesse: guérison des maux de dos, régularité des intestins, meilleure digestion. A permis les voyages et la pratique des sports (natation, ballon-volant, marche).

Pendant l'accouchement: les exercices ont permis la détente entre les contractions, le calme.

Après l'accouchement: j'ai pu circuler dès le lendemain. Huit jours après, j'assistais au baptême et accomplissais ma besogne quotidienne.

En résumé: grande confiance quant au résultat; il y avait grande coopération entre les médecins, les aides et moi. Tous étaient calmes, même mon mari, car je l'étais moi-même.

Pendant la grossesse: je me sentais moins lourde et plus souple; j'ai fait ma besogne jusqu'à la fin. Je crois aussi que les exercices sont excellents pour les intestins. L'esprit d'équipe qui règne parmi les élèves est un réconfort moral.

Pendant l'accouchement: la détente et la respiration pendant la phase de dilatation m'ont aidée largement. L'expulsion était très douloureuse, surtout à cause de mes varices. C'est une grande joie d'assister à la naissance de son enfant.

Après l'accouchement: je n'ai eu aucune des complications terribles comme celles survenues après mon premier accouchement... Je craignais l'accouchement parce que j'étais obsédée par la naissance de mon premier enfant. Maintenant je pense autrement et je suis heureuse de parler de la joie d'un accouchement naturel au milieu de mes amies et plus tard, auprès de ma fille.

* * *

Pendant la grossesse j'étais souple. Je pouvais courir et me pencher sans être incommodée.

Pendant l'accouchement: j'ai senti que mes muscles étaient habitués à travailler et j'ai senti arriver mon enfant.

Après l'accouchement: j'ai retrouvé ma taille. Ma garde-robe me sied aussi bien qu'avant.

DESCRIPTIONS DE L'ACCOUCHEMENT

Pendant les premières contractions j'étais très optimiste et détendue. J'avais confiance et je suis partie pour l'hôpital très sereine. Quand les contractions sont devenues plus intenses et plus rapprochées, les infirmières m'ont dit que j'en avais encore pour cinq heures au moins (je n'étais là que depuis deux heures). J'étais désespérée, je croyais ne pas avoir la force de tenir. Je me suis ressaisie grâce à mon mari qui m'encourageait et me forçait à bien respirer. Je n'avais pas une hâte sentimentale de voir mon bébé — je voulais simplement que tout soit fini et je voulais bien faire les choses. Mais au dernier moment, quand j'ai su que le petit serait là dans quelques instants, que je l'ai senti bouger — j'ai ressenti vraiment une hâte — puis c'était un éclatement de joie—c'était formidable — c'était une joie comme on en a peu dans la vie. Et ce dernier effort vaut la peine d'accoucher en étant consciente — pour ne pas avoir cette impression de n'être pas tout à fait mère, car on y perd le plus beau: la joie de nos souffrances.

* * *

(...) Je crois que comme toutes les joies extraordinaires, celle de voir naître son enfant est bien difficile à décrire. Maintenant que notre petit garçon a un mois et que chaque jour nous apporte de nouveaux ravissements, il me reste plus d'impressions en tête que de faits, quand je pense à cette journée formidable où il a vu le jour.

Le travail a débuté vers 7h30. J'étais radieuse et pleine de l'ardeur d'une débutante. C'était la première journée de soleil après une semaine grise et cela me remplissait de bonheur et d'énergie. J'étais aussi heureuse de penser que mon mari qui travaille toujours de longues heures serait enfin avec moi. Pour combien d'heures? 12 heures qui m'ont paru très courtes et où mon mari et moi étions vraiment unis dans ce travail merveilleux qui s'effectuait. Grâce à lui, je n'ai jamais vraiment perdu mon contrôle et par la suite, on m'a tellement aidée à la salle d'accouchement que j'avais l'impression d'être maîtresse de mes actes et de participer entièrement à l'expulsion de cet petit être que je portais en moi. Je ne me suis jamais départie de mon sourire qui s'est illuminé quand on a déposé le plus beau des petits garçons dans mes bras.

Puis on m'a réservé la joie d'annoncer à mon mari le résultat de notre grand exploit.

Tout s'est donc passé dans la joie et le calme et je garderai toute ma vie un souvenir inoubliable de cet accouchement et de tous ceux qui m'ont si bien entourée.

* * *

(...) Ma hâte de pouvoir pousser à mon aise ne peut se décrire. Bientôt, me dit-on, on vous le permettra. De fait, cette permission m'est accordée et on me transporte à la salle d'accouchement. Mon mari me suit toujours et m'encourage. Sa présence est pour moi le plus grand réconfort. Comme j'avais déjà visité la salle tout est normal, rien ne m'affole. Je continue à pousser; on me fait une incision, maintenant ça ira plus vite. En quelques minutes, je vois les cheveux de mon enfant. Mon mari et moi nous regardons et nous ne pouvons exprimer notre joie. Une énorme contraction (qui me fait croire que je ne tiendrai pas le coup) puis c'est fait, la tête est passée. Le miroir me renvoie l'image d'une petite tête ronde; épaules, bras, corps, jambes passent sans douleur ou presque. «C'est un garçon!» crient ensemble l'infirmière et le médecin.

* * *

(...) Très souvent, je disais à mon mari «Si tu veux, ce soir, je vais accoucher.» Alors, avec lui, je repassais les différentes positions à prendre durant la dilatation et lui apprenais son rôle: comment me masser, etc., puis nous essayions d'être calmes et détendus durant la période de transition et mon mari me disait: «Rendu là, je ne te dérangerai pas. Je ne parlerai que de l'heure qui approche, je ferai ceci, cela, etc.» Puis, pour la période d'expulsion, il jouait le rôle du médecin, me disait, comme vous le faisiez au cours: «Poussez, ne poussez pas, plus fort, etc.». Enfin, durant la période des suites, nous parlions du beau bébé que nous aurions eu, si cela avait été «pour vrai». C'est pourquoi le jour de l'accouchement fut si facile, car j'avais accouché plusieurs fois auparavant, en imagination et en exercices(...)

Voilà la description de ce jour: période de dilatation de 7h30 à midi. C'est très facile. La position debout, appuyée au mur, est très confortable et mon mari me masse les reins. C'est un vrai plaisir de suivre les événements. J'entre à l'hôpital à 10 heures. Période de transition de midi à 1 heure. Je suis couchée. Les contractions sont plus fortes, mais je ne pense qu'à une chose: ce que j'ai appris aux cours. Le comportement de mon mari est extraordinaire. Il suit chaque contraction comme un événement heureux qui vient. Les contractions sont aux minutes et durent 50 secondes. Tout va bien.

Lorsque l'infirmière m'annonce qu'on m'amène à la salle d'accouchement, à 1 heure, je suis toute surprise. J'aurais pu continuer ainsi encore plusieurs heures.

Enfin, la salle d'accouchement. Je travaille seule et pousse environ une demi-heure. Je ne pense qu'à une chose: ma tête baissée, mes coudes écartés, etc. Chaque effort est une victoire. À 1h50, bébé arrive. Il «crie» sa joie et je suis là pour l'accueillir puisque je n'ai eu ni calmant, ni pilule, ni anesthésie. C'est une joie inexprimable que celle d'assister à la naissance de son bébé et de pouvoir le recevoir la première dans ses bras.

Tout est terminé, je reviens à ma chambre avec mon mari et suis contente de prendre un bon repas.

En résumé, mon accouchement fut formidable, aux dires des infirmières et de mon médecin. Et moi, je puis ajouter que ce fut vraiment un accouchement sans douleur, en ce sens que je savais ce qui devait se passer, je suivais chaque phase, je l'acceptais et surtout je travaillais sans cesse. Je n'ai donc pas eu le temps d'avoir mal. J'ai eu des sensations, peut-être parfois assez fortes, mais je les contrôlais et les surmontais.

Ma joie très grande d'avoir accouché consciemment est due à la préparation physique et psychologique, à l'acceptation des événements qui devaient se produire et au contrôle de chacun de mes gestes durant l'accouchement.

UNE MAMAN DÉCRIT SES TROIS ACCOUCHEMENTS

PREMIER BÉBÉ

À aucun moment, je n'ai ressenti la peur. Je connaissais parfaitement, après avoir suivi les cours de gymnastique et les cours pratiques, ce qui devait m'arriver et j'avais toujours hâte à la phase suivante qui me rapprochait de la naissance de mon bébé.

Arrivée à l'hôpital à 1 heure de l'après-midi, on m'apprit que le travail était très avancé. Jusqu'à 2 heures, je continuai à marcher dans la chambre, m'appuyant sur un fauteuil au moment des contractions, toutes les trois minutes. Mon mari m'a énormément aidée. À chaque contraction, il me massait le dos vigoureusement. Je vous assure que cela m'a permis une respiration plus facile. La période de transition a été la plus dure. Je dus prendre le lit. Les contractions se suivaient à un rythme très rapide. Au moment où je commençais à trouver que c'était «un gros travail», on m'annonça mon transport à la salle d'accouchement. Regain d'enthousiasme. Une bonne heure passa très rapidement où l'on prépara tout ce qui devait servir à mon cher poupon. Les infirmières et le médecin me dictaient de minute en minute ce que je devais faire: respirez — détendez-vous — recommencez, etc. J'étais très occupée à regarder tout ce qu'on préparait et à suivre les conseils qu'on me donnait. Je m'amusais de l'air un peu sceptique de l'anesthésiste qui assitait, au cas... Nous avons bien ri ensemble après que tout fut terminé. Je n'ai nullement eu besoin de ses services. Quand enfin la tête fut prête à apparaître, il y eut encore cinq minutes très pénibles. Dès que le médecin me dit d'arrêter de pousser, je m'abandonnai complètement; j'étais très fatiguée et il me semblait n'avoir plus aucun mal. «Regardez, mais regardez donc», disait le médecin. J'aperçus, tête en bas, un gros poupon, tout rose, qui criait de toutes ses forces. «C'est un gros garçon, un bon quatre kilos.» Le reste se fit tellement vite que je n'en conserve presqu'aucun souvenir. Bébé était là, tout à côté, tellement beau, tellement mignon, les deux petits poings dans la bouche.

Je vous remercie de tout mon coeur de m'avoir donné cette joie extraordinaire d'assister à la naissance de mon cher petit. Mon mari fut fou de bonheur quand je le retrouvai une demi-heure après.

DEUXIÈME BÉBÉ

En m'accordant la détente nécessaire, je pouvais continuer à pratiquer ma profession (journaliste) tout en m'occupant activement de mon premier enfant. Après mon premier accouchement, les exercices m'avaient certainement aidée à reprendre une vie normale en quelques semaines. Je me sentais parfaitement bien, physiquement et moralement; la confiance que m'a procurée la méthode d'accouchement sans anesthésie est irremplaçable.

Un soir, nous décidâmes d'aller voir la télévision chez des amis. Vers 9h30, une contraction, puis une seconde et une troisième... je suis certaine. Il est 10h05 quand nous les quittons. En vitesse, nous allons prendre ma valise, reconduire notre aîné et à 11h30 nous voilà à l'hôpital. Les examens se déroulent vite et une heure après je suis à la salle d'accouchement, la tête absolument libre de tout souci, heureuse et toute à la joie formidable qui m'attend. Je n'avais qu'un seul désir, le voir au plut tôt, le comparer au premier, etc. — Le docteur m'annonça qu'il devait pratiquer une épisiotomie. Pendant qu'il se prépare à faire une anesthésie locale, je ressens un besoin irrésistible de pousser, d'aider. Les infirmières m'indiquent à la minute près la respiration que je dois prendre. Je n'ai qu'une chose à faire: obéir. Je n'entends qu'une chose: gardez votre respiration, expiration, vite, puis reprenez, etc. J'ai une force extraordinaire il me semble et mes bras s'agrippent aux poignées pour pousser. Un éclatement, une seconde, je ne respire plus puis je vois cette belle tête tout brune qui immédiatement se met à crier.

Il est là, il est là, il s'appellera François. Le docteur n'a pas eu le temps de pratiquer l'épisiotomie. Le moment le plus pénible a été le «cessez de pousser» au moment du passage de la tête. Mais le tout n'a duré que quelques secondes. Je suis au lendemain et déjà je ne me souviens plus d'avoir eu mal: est-ce possible?

TROISIÈME BÉBÉ

J'ai mis au monde un magnifique garçon de 4,50 kilos. Cet accouchement a été le plus facile des trois. Partie de la maison à 11 heures du soir, mon fils était là à 2 heures du matin, resplendissant de santé et j'ai assisté parfaitement consciente à l'accouchement, suivant les directives toujours très claires de mon médecin. Le personnel de l'hôpital s'est amélioré encore en cinq ans; toutes les infirmières connaissent bien la méthode et cela nous aide considérablement. Encore une fois merci.

LES INCRÉDULES

(...) J'avais toujours désiré être consciente au moment de la naissance de mon bébé. Je ne croyais pas en avoir le courage. Quand j'ai appris que Mme Sekely donnait des cours, je me suis empressée de les suivre. Toutes les semaines, j'aimais retrouver mes compagnes, échanger mes idées et mes espoirs avec elles. Je conservais ma souplesse grâce aux exercices que je faisais régulièrement.

* * *

(...) Devant cet état d'hypertension excessive, le docteur L... m'incita à suivre des cours.

Dois-je vous avouer que c'est sans enthousiasme que je me suis rendue à votre studio pour mon premier cours. Cependant, votre sourire engageant, sympathique, discret et votre grand calme m'ont bien vite rassurée. Mon mari réalisa qu'un grand changement s'opérait en moi. Chacun de vos cours me donnait de plus en plus confiance en moi et j'ai pu continuer à enseigner jusqu'au septième mois sans ennui.

Vos cours m'apportaient tellement de bien-être physique et moral que j'ai décidé de les suivre deux fois par semaine en plus de faire très régulièrement une longue séance d'exercices tous les matins et de m'astreindre à me rendre à votre studio à pied, ce qui représente deux heures de marche. Plus le terme de ma grosssesse approchait, plus j'ajoutais d'exercices, lesquels me reposaient d'une fatigue due au poids croissant du bébé. Je suis restée souple et j'ai conservé une bonne tenue jusqu'à la toute fin et cela sans effort.

* * *

(...) Quelques mots pour vous parler de mon grand bonheur. Lorsque mon médecin parla de m'accoucher sans anesthésie, je vous dis franchement que l'idée ne me souriait guère. J'étais désemparée et je voulais changer de médecin. Si j'ai changé d'idée, c'est grâce à vous et je vous en remercie. Lors des premiers cours, j'étais sceptique et nerveuse, c'est d'ailleurs pour cela que le docteur voulait m'accoucher comme cela afin de rétablir mon équilibre nerveux. À mesure que j'allais aux cours, vos bons conseils, vos explications, votre encouragement et vos exercices m'ont donné plus d'assurance et j'en suis venue à me demander si, après tout, je n'étais pas capable de faire aussi bien que les autres. J'ai réussi et vous aviez bien raison, tous deux.

LES ÉPOUSES APPRÉCIENT LA PRÉSENCE DE LEUR MARI

(...) Les conseils donnés aux maris ont été sans prix pour moi. Mon mari admet qu'il n'aurait été d'aucune aide sans les directives que vous savez si bien donner. Sans lui, ces heures difficiles auraient été une très lourde tâche. Nous vous en sommes tous les deux très reconnaissants.

* * *

(...) Mon petit mari a été extraordinaire. Sans lui, je n'aurais jamais pu aller jusqu'au bout. Il devinait les contractions par la pression de ma main et il s'approchait de mon visage et respirait avec moi. Entre les contractions, je me détendais complètement. Mon mari m'humectait les lèvres avec un tampon d'ouate. Lorsque les contractions étaient très fortes, il me calmait en me disant à voix basse: c'est presque fini, c'est presque fini... Je lui disais que je n'aurais pas la force de continuer et il m'encourageait en me rappelant que c'était la transition et le moment le plus dur que je passais. Je voyais dans ses yeux un si grand amour, une si grande confiance, que je ne voulais pas le décevoir (...)

* * *

(...) Ce que j'ai apprécié le plus au monde, ce fut la présence de mon mari. Ayant assisté aux conférences à l'intention des couples, il comprenait le grand besoin que j'avais de me faire répéter sans arrêt durant les contractions: inspirez-expirez, détends-toi. Les bonnes paroles des infirmières qui venaient faire des visites régulières m'ont aussi beaucoup aidée et je suis très reconnaissante.

* * *

(...) Mon mari était très près de moi et je voyais dans ses yeux tout l'amour de la terre. Il me considérait comme un objet précieux et j'étais très fière d'avoir un homme sur qui une femme puisse s'appuyer dans les moments difficiles. Même après mon retour dans la chambre, son attitude n'a pas changé. C'était comme si on commençait une vie nouvelle après dix ans de mariage. Je souhaite à toutes les femmes que leur mari les puisse assister jusqu'à la fin, si c'est possible. Cela crée des liens et renforce l'amour.

* * *

(...) Le soleil se leva et puis toucha mon nez, j'étais toujours seule avec mon mari. Quel bonheur quand on m'amena à la salle d'accouchement. Poussez, poussez encore plus fort. Enfin, bonheur, joie, extase et quoi encore, lorsque le petit être arriva. Un garçon, un vrai graçon. Quelle grande place ce petit être prend déjà dans notre coeur.

* * *

(...) La journée de l'accouchement elle est dans nos souvenirs une des plus belles que nous ayons vécues mon mari et moi. Attendre un enfant à deux, pouvoir s'entraider, pouvoir le voir naître, n'est-ce pas un enrichissement pour notre amour. Et comme mon mari disait si sincèrement: «Nous attendons un enfant», il dit aujourd'hui: «Nous avons eu notre enfant». Cette exclamation peut sembler idiote aux oreilles des voisins, mais pour mon coeur c'est la plus belle et la plus sincère, car mon mari a vraiment collaboré à mon accouchement et sans lui, jamais je n'aurais vu naître mon enfant.

TÉMOIGNAGES DE MARIS PRÉSENTS À L'ACCOUCHEMENT

(...) Conscient de la préparation adéquate de ma femme à l'expérience qu'elle allait vivre, c'est avec calme et confiance que je l'ai rejointe à la salle de travail. Elle rayonnait alors de sérinité de la satisfaction d'avoir atteint si facilement la dilatation de six centimètres. Ma seule angoisse, qui se dissipa d'ailleurs dès les premières contractions intenses, était de savoir si je saurais lui être utile. Le travail se fit assez rapidement et durant tout ce temps je me sentis uni plus intimement que jamais à ma femme: je progressais mentalement avec elle, je respirais avec elle et je me reposais avec elle. À la salle d'accouchement ce fut tout différent. Le médecin jouait alors, et avec brio, le rôle de l'instructeur à qui ma femme obéissait scrupuleusement. Je n'étais plus qu'un spectateur patient, heureux et appréciant le fruit de chaque effort de ma femme. Fait étrange, aucune amertume ne m'effleura en constatant que ma femme ne portait aucune attention à ma présence; le sourire qu'elle m'adressa une fois le bébé au monde me fit comprendre combien elle avait apprécié et combien elle était heureuse de ma présence. La joie de partager avec elle, à ce moment précis, l'euphorie de la maternité dans son plein sens ne peut se décrire que par un mot simple mais combien riche de sens pour celui qui l'a vécu: le bonheur. Puis, lorsque tout est terminé, apparaît un autre sentiment insoupçonné: la fierté. Fierté d'être père, bien sûr, mais aussi fierté d'être le mari d'une femme qui a pu prouver son amour, sa force, son contrôle de soi de façon si noble et si complète.

(...) Durant la première phase de l'accouchement, je me suis senti quelque peut inutile. Les contractions étaient difficiles mais pas assez pour que mon épouse ait besoin de mon aide. Lorsque le travail devint plus difficile (contractions aux trois minutes) je pris une part plus active. Le tout ne m'a pas semblé aussi long que ça le fut en réalité. Lorsqu'on décida d'amener mon épouse à la salle d'accouchement, je me sentis apaisé, non pas que j'étais nerveux avant, mais la fatigue commençait à me gagner. Dans la salle d'accouchement, je ne sentais plus rien: ni fatigue, ni nervosité. Mon épouse ne souffrait plus dès qu'elle pouvait pousser. Le tout se passa en 45 minutes. Lorsque notre fille fut née, mon épouse s'épanouit. On ne pouvait croire qu'elle venait de passer 20 heures de travail. Quant à moi, j'allais et je venais de l'incubateur à mon épouse. Tout était fini et j'étais fier qu'elle ait si bien fait cela.

J'ai été très heureux de pouvoir aider mon épouse à mettre au monde notre enfant. Plusieurs de mes amis ont assisté à l'accouchement de leur femme, mais n'étant pas bien préparés, ils n'en ont pas gardé un bon souvenir. J'ai pu mettre en pratique tout ce que j'avais appris lors des conférences, en restant calme et confiant en moi-même.

* * *

(...) C'était notre premier enfant. L'inconnu me faisait un peu peur, mais les conférences que j'avais suivies m'ont beaucoup aidé à envisager l'événement avec calme. Je crois que cela m'aurait été beaucoup plus pénible d'attendre les événements dans une salle d'attente. L'accouchement a été pour moi une expérience unique. L'impression de pouvoir être tant soit peu utile à mon épouse m'a rendu bien heureux. Je crois que cette expérience nous a encore plus unis. Pour résumer, je suis très fier de ma femme et je garde un excellent souvenir de la naissance de notre belle petite fille.

(...) Mon impression principale fut d'apprécier mon épouse lorsqu'elle est devenue réellement une maman. J'y ai puisé une leçon de courage et de détermination. J'ai aussi senti jusqu'à quel point le mari est précieux à sa femme à certaines phases comme la transition et l'expulsion. Ma femme n'a pas perdu le sourire du début à la fin. Les infirmières n'en revenaient pas. Soudainement, le moment tant attendu est arrivée. Je fus calme à me surprendre moi-même. Je crois que sans moi et les cours qu'elle a suivis, certains seule, certains avec moi, ma femme aurait demandé l'anesthésie. Alors je n'aurais pas appris à connaître ma femme comme j'en ai eu la chance et notre joie aurait sans doute été moins grande à la naissance d'un fils tant désiré.

Signé: Un papa très heureux

* * *

(...) Comme c'était ma deuxième expérience, je fus moins impressionné, mais je pus mieux me concentrer sur le travail que ma femme accomplissait. Sur la demande du médecin, ma femme poussait très fort et le bébé est né après trois ou quatre contractions. Cinq minutes après, ma femme avait le bébé dans ses bras et tous les deux dormaient. Il me semble que l'on s'attache plus vite et davantage à l'enfant qu'on a vu naître.

146

(...) Aussi surprenant que cela paraisse, je me sentais très calme durant le travail et je me souvenais des conseils donnés aux conférences. J'étais content de pouvoir aider ma femme. Durant l'accouchement, je me suis senti curieux de savoir comment cela se passait mais je me suis aussi senti fier en tant que mari et père.

*   *   *

Je n'aurais jamais cru que c'était un aussi grand privilège que d'avoir un enfant. C'est vrai que le mari peut participer à l'accouchement. Je crois que vos cours sont indispensables à tous les futurs parents. J'ai frictionné le dos de ma femme à chaque contraction et j'étais beaucoup plus fier que fatigué.

CHAPITRE IV
PRÉSENTATION DES EXERCICES POSTNATALS

Les exercices postnatals visent à restaurer complètement la santé et l'apparence physique de la mère. Ils tendent à lui rendre rapidement ses forces physiques, afin qu'elle puisse se vouer aux soins de son nouveau-né sans qu'une fatigue excessive ne lui rende la tâche pénible.

À l'hôpital, vous vous sentirez selon toutes probabilités pleine d'entrain et d'énergie, mais ce bien-être est traître et en rentrant à la maison, vous devez faire bien attention à ne pas surestimer vos forces. Pendant une semaine au moins, prenez soin de l'enfant mais laissez le soin de la maison à d'autres. Si vous vous surmenez, le bébé en souffrira le premier. Accordez-vous donc assez de sommeil, assez de repos et réservez-vous aussi du temps pour faire quotidiennement des exercices qui vous rendront les forces nécessaires à la reprise d'une vie normale.

À défaut de prendre ces précautions, l'accouchement peut avoir des suites fâcheuses, par exemple des troubles circulatoires qui vous immobilisent partiellement ou complètement pendant de longues périodes. Un rétablissement incomplet crée des conditions défavorables à des grossesses ultérieures. La cause en est bien souvent le surmenage des muscles qui n'ont pas encore retrouvé leur tonicité. Vous devez, à l'hôpital, commencer au plus tôt les exercices postnatals et, rentrée à la maision, réserver vingt minutes par jour à votre gymnastique et ce, pendant au moins six semaines, c'est-à-dire jusqu'à ce que vous retourniez chez votre médecin pour l'examen final. Les lourdeurs et les tiraillements ressentis dans le ventre, les maux de dos et la sensation de pesanteur au niveau du périnée en station debout sont des malaises que vous devez lui signaler immédiatement.

Et maintenant, permettez-moi de vous faire un petit sermon: vous aviez pris l'habitude de faire vos exercices prénatals et vous en aviez ressenti les nombreux avantages. Vous étiez très motivée, sachant que vous profiteriez de votre bonne forme physique au moment de l'accouchement — ce n'était pas trop difficile. Maintenant, vous êtes bien décidée à faire les exercices postnatals pendant 6 semaines, mais vous découvrez que c'est plus difficile, car vous ne travaillez plus pour un but tangible, pour une date fixe. Vous êtes tentée de succomber à la tentation de remettre à demain ce que vous n'avez pas envie de faire aujourd'hui, vos nombreuses occupations et préoccupations vous servant d'excuses, mais dites-vous bien que chaque jour compte. Quand, après 6 semaines, vous irez voir votre médecin, vous serez bien contente de recevoir des compliments quant à l'excellent état de vos muscles et quant à votre ligne si vite regagnée. Vous serez contente également de recevoir la permission de faire tous les exercices et tous les sports que vous voulez. Mais attention: il ne faut pas perdre la victoire. Il ne faut pas penser: «Voilà, je suis en forme, ça y est.» Vous ne garderez pas cette bonne forme à moins de vous exercer continuellement. Si possible, joignez-vous à un cours de gymnastique. C'est tellement plus amusant et plus efficace de s'entraîner en groupe. Peut-être y retrouverez-vous vos anciennes compagnes du cours prénatal avec lesquelles vous aimeriez échanger vos idées et vos expériences de jeune maman.

GROUPE 1

EXERCICES POUR LES MUSCLES ABDOMINAUX ET LES MUSCLES DU PÉRINÉE, DISTENDUS PAR LA GROSSESSE ET L'ACCOUCHEMENT

Les changements les plus importants pour un retour aux conditions normales ont lieu pendant les premières semaines qui suivent l'accouchement; c'est pendant cette période que l'organisme répond le plus vivement aux stimulations données par l'exercice.

Vidé de son contenu, l'utérus se rétrécit beaucoup plus rapidement que les muscles et les ligaments qui le supportent. Ce sont donc les muscles abdominaux et les muscles du périnée qui doivent en premier lieu être fortifiés par l'exercice, avant que la jeune mère ne retourne à ses activités. Elle doit d'abord pratiquer les exercices couchée dans le lit ou assise pour éviter l'effet de la gravité. Elle doit éviter que les muscles abdominaux et ceux du périnée, encore faibles, aient à supporter le poids du contenu du ventre, comme c'est le cas en station debout.

En principe, vous devez inspirer à l'effort et expirer à la détente ou le retour à la position de départ. Les exercices I, II, IV et V de ce groupe font exception: il est plus facile de contracter la sangle abdominale en expirant, quand le ventre descend naturellement. Si vous inspirez à l'effort, le ventre se soulève facilement et les muscles se distendent au lieu de se raccourcir. Ceci se produit chaque fois que vous faites un effort trop grand pour l'état de vos muscles abdominaux, soit que vous fassiez des exercices trop durs, soit que vous souleviez un poids trop lourd. Vous comprenez certainement pourquoi il faut fortifier progressivement les muscles avant d'entreprendre les travaux ménagers. Il est vrai que la jeune maman, après un accouchement normal, veut et même doit se lever le jour même ou le lendemain, mais elle ne devrait pas, en station debout ou en marchant, ajouter des efforts qui augmenteraient la pression intra-abdominale. Étant debout, pensez à contracter les muscles fessiers pour basculer le bassin en avant et tenir le ventre «court»; vous aurez ainsi les reins moins cambrés et le dos moins fatigué. Rappelez-vous tout ce que vous avez appris pour avoir une tenue idéale (voir Groupe 9).

Le lever précoce restaure très rapidement les fonctions normales. Bien des troubles circulatoires (embolies, trombose) et des troubles digestifs qui affectaient autrefois les accouchées sont rarement rencontrés aujourd'hui.

Vous me trouverez peut-être un peu vieux jeu si je recommande en certains cas le port d'une gaine après l'accouchement. Je le recommande aux femmes dont le tonus musculaire est vraiment très faible et à celles qui ont accouché plusieurs fois à courts intervalles. La gaine aide à soutenir les muscles abdominaux; elle supporte les organes de la cavité abdominale et facilite le maintien d'une bonne tenue. Par contre, la gaine empêche les muscles de travailler activement.

Dans de nombreux cas, un compromis semble être la meilleure solution: portez la gaine tant qu'existe une sensation de vide dans l'abdomen et essayez de vous en passer après quelques jours. À la maison, portez la gaine pour marcher et pour faire vos travaux ménagers, mais non pour pratiquer les exercices et pendant le repos. Au fur et à mesure que la tonicité des muscles est restaurée, portez la gaine de moins en moins. Vous vous en passerez complètement quand vos muscles seront assez forts et assez élastiques pour former un corset naturel. Le port d'une gaine est nécessaire en cas de descente ou de rétroversion de l'utérus. Votre médecin vous dira si vous devez en porter une et combien de temps.

Les exercices postnatals doivent être faits lentement et d'une façon continue. Les groupes sont subdivisés en exercices à faire pendant la semaine suivant l'accouchement et en exercices à faire à partir de la deuxième semaine suivant l'accouchement. Il va de soi que les exercices à faire pendant la première semaine doivent être répétés durant les semaines suivantes. Vous les ferez au sol au lieu de les faire au lit.

Pratiquez les exercices d'abord par courtes séances, plusieurs fois par jour. Peu à peu, diminuez la fréquence et augmentez la durée des séances.

À l'hôpital
— 3 premiers jours d'exercice, 4 séances de 3 minutes.
— 4e, 5e et 6e jours, 3 séances de 5 minutes.

À la maison
— 2e, 3e et 4e semaines, 2 séances de 10 minutes.
— Ensuite, une séance de 20 minutes chaque jour (voir *Comment choisir les exercices après l'accouchement*).

EXERCICES POUR LES MUSCLES ABDOMINAUX À FAIRE PENDANT LA PREMIÈRE SEMAINE SUIVANT L'ACCOUCHEMENT

Exercice I: Soulever la tête

Position de départ: Couchée sur le dos, genoux pliés et pieds posés sur le matelas. Une main sur le ventre, l'autre sous la tête (plus facile à exécuter avec les pieds retenus sur le matelas par une autre personne).

Mouvement: Soulevez la tête à l'aide du bras, pendant que l'autre main contrôle la contraction des muscles abdominaux. Le ventre doit s'aplatir ou même se creuser — expiration. Revenez à la position de départ — inspiration.

Répétition: 4-8 fois.

Variation: Les jambes allongées et croisées à la hauteur des chevilles. Même mouvement.

Exercice II: Soulever la tête et les épaules

Position de départ: Couchée sur le dos, genoux pliés et pieds posés sur le matelas, les mains sur les cuisses.

Mouvement: Soulevez la tête et les épaules en glissant les mains le long des cuisses jusqu'aux genoux — expiration. Revenez lentement à la position de départ — inspiration.

Répétition: 4-8 fois.

Variation: Soulevez la tête et glissez la main droite le long de la cuisse gauche. Revenez à la position de départ et changez de côté pour chaque mouvement.

Exercice III: Écarter la jambe «raccourcie»

Position de départ: Couchée sur le dos, les bras le long du corps, le genou gauche plié et le pied posé sur le matelas. La jambe droite est allongée.

Mouvement: Ramenez la jambe droite vers la hanche comme pour la raccourcir. Soulevez-la un peu au-dessus du lit, puis écartez-la lentement, parallèlement au matelas, le genou toujours tourné vers le haut. Imaginez que vous ayez une résistance à vaincre — inspiration. Posez la jambe — expiration. Soulevez-la de nouveau et ramenez-la à la position de départ, toujours en vainquant une résistance imaginaire — inspiration. Posez la jambe à la position de départ — expiration. Exécution très lente.

Répétition: 2-4 fois avec chaque jambe.

Variation: Assise sur le lit, le dos appuyé, les mains sur les hanches, les deux jambes allongées. Même mouvement.

Exercice IV: Torsion du buste

Position de départ: Couchée sur le dos, bras écartés horizontalement, genoux pliés et pieds posés sur le matelas.

Mouvement: Levez le bras droit et venez toucher la main gauche avec la main droite en soulevant l'épaule droite et en tournant la taille — expiration. Revenez à la position de départ — inspiration. Changez de bras à chaque mouvement.

Répétition: 6-12 fois.

Variation: Les jambes allongées. Même mouvement.

Exercice V: Pour favoriser le retour de l'utérus à sa position normale et pour raffermir les muscles abdominaux

Position de départ: Couchée à plat ventre, un oreiller sous les aines pour éviter la fatigue de la région lombaire. Placez une main sous le ventre, le front reposant sur l'autre main.

Mouvement: Contractez fortement les muscles abdominaux jusqu'à ce que le ventre ne touche plus à la main — expiration. Relâchez lentement les muscles abdominaux; le ventre touche à la main de nouveau — inspiration. Évitez tout mouvement du dos et du bassin.

Répétition: 6-10 fois.

EXERCICES POUR LES MUSCLES ABDOMINAUX À FAIRE À PARTIR DE LA DEUXIÈME SEMAINE SUIVANT L'ACCOUCHEMENT

Exercice VI: Pour les muscles abdominaux et ceux des jambes

Position de départ: Assise par terre, appuyée sur les avant-bras, les doigts dirigés en avant, les épaules bien effacées. La jambe gauche est allongée et la jambe droite légèrement relevée.

Mouvement: Pliez le genou droit en l'amenant vers le ventre puis étendez la jambe verticalement en pliant le pied — inspiration. Baissez la jambe lentement au ras du sol, c'est-à-dire dans la position de départ.

Répétition: 8-16 fois. Changez de jambe après 2 ou 4 mouvements.

Exercice VII: Pour les muscles abdominaux et dorsaux

Position de départ: Assise, jambes allongées, les mains derrière la tête et le dos très droit.

Mouvement: Laissez-vous glisser un peu en arrière, comme si vous vouliez toucher le sol avec la région lombaire arrondie. Les coudes viennent en avant, la tête est inclinée — expiration. Revenez à la position de départ en écartant bien les coudes — inspiration.

Répétition: 4-8 fois.

Exercice VIII: Torsion de la taille

Position de départ: Assise, genoux pliés, les mains sous les cuisses. La pointe des pieds touche le sol.

Mouvement: Décrivez un grand cercle avec le bras droit en l'amenant en arrière et en haut, simultanément. Étendez la jambe droite — inspiration. Ramenez le bras droit en avant et à la position de départ en fléchissant le genou — expiration. Pratiquez d'abord le mouvement du bras et celui de la jambe séparément.

Répétition: 8-16 fois. Changez de côté après 2 ou 4 mouvements.

Exercice IX: Pour les muscles abdominaux et la tenue

Position de départ: Debout, à un pied du mur, tout le long du dos et les paumes appuyés au mur.

Mouvement: Soulevez le genou droit, puis étendez la jambe horizontalement en avant (un peu moins haut au début) — inspiration. Restez un moment dans cette position, puis pliez le genou et revenez à la position de départ — expiration.

Répétition: 8-12 fois. Changez de jambe pour chaque mouvement.

EXERCICES POUR LES MUSCLES DU PÉRINÉE EN SYNERGIE AVEC LES MUSCLES ABDOMINAUX, FESSIERS ET CEUX DES CUISSES. À FAIRE PENDANT LA PREMIÈRE SEMAINE SUIVANT L'ACCOUCHEMENT

Exercice X: Contraction du périnée dans différentes positions

Position de départ: Couchée sur le dos, un petit coussin entre les genoux pliés, les pieds posés sur le matelas.

Mouvement: Contractez consécutivement et fortement les muscles fessiers, les muscles abdominaux et le périnée. Serrez le coussin — inspiration. Relâchez en sens inverse sans ouvrir les genoux — inspiration.

Répétition: 6-12 fois.

Variation   a): Assise, les mains appuyées à côté des hanches. Même mouvement avec la contraction, les genoux et les pieds pointent vers le haut. Avec la détente, les jambes tombent un peu à part.

Variation   b): Couchée à plat ventre, les mains sous la figure. Même mouvement avec la contraction, les jambes se resserrent, les talons vers le haut. Avec la détente, les jambes tombent un peu à part, les talons vers l'extérieur.

Exercice XI: Écart des cuisses avec résistance des mains

Position de départ: Assise sur le bord du lit ou sur une chaise, les mains posées à l'extérieur des cuisses.

Mouvement: Écartez les genoux en opposant une résistance avec les bras — inspiration. Posez les mains à l'intérieur des genoux — expiration et ramenez-les en offrant une résistance avec les bras — inspiration. Revenez à la position de départ — expiration.

Répétition: 4-8 fois

EXERCICES À FAIRE À PARTIR DE LA DEUXIÈME SEMAINE SUIVANT L'ACCOUCHEMENT

Exercice XII: Pied contre cuisse

Position de départ: Couchée sur le dos, genou gauche plié et pied par terre. Appuyez le pied droit contre la cuisse gauche.

Mouvement: Pressez fortement le pied droit contre la cuisse gauche. Maintenez la pression pendant quelques secondes — inspiration. Relâchez la pression — expiration.

Répétition: 4-8 fois.

Variation:(plus difficile) Pendant que vous exercez la pression, étendez le genou gauche sans déplacer la cuisse; pressez contre la jambe étendue obliquement.

Exercice XIII: Debout, ramener une jambe avec une résistance imaginaire

Position de départ: La main gauche appuyée contre le mur, le bras droit levé horizontalement et le pied droit posé latéralement.

Mouvement: Ramenez lentement la jambe droite, comme si quelqu'un vous en empêchait. Veillez à bien ressentir la contraction du périnée — inspiration. Relâchez et revenez à la position de départ — expiration.

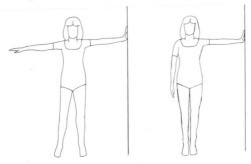

Répétition: 8-16 fois. Changez de côté après 4 mouvements.

GROUPE 2

EXERCICES POUR LES PIEDS

Les muscles et ligaments des pieds sont affaiblis après avoir porté un surplus de poids pendant la grossesse (voir Groupe 8). Il s'agit de les fortifier avant que vous ne repreniez vos activités normales. La pratique de ces exercices doit commencer le plus tôt possible après l'accouchement, assise ou couchée sur le lit.

En vous levant, portez de bonnes chaussures, les mêmes qui vous servaient pendant la grossesse. Vous avez plus que jamais besoin d'un bon support pour les pieds; les pantoufles devraient être défendues à l'hôpital, tant leur port est nuisible.

Les chaussures à talons hauts devraient également être évitées pendant les premiers mois suivant la grossesse, puisqu'elles augmentent la tendance à cambrer la région lombaire. Comme il a été expliqué, la cambrure exagérée des reins fait basculer le bassin en avant; le contenu de la cavité abdominale pèse alors contre la paroi, rendant la contraction des muscles plus difficile et même impossible.

EXERCICES À FAIRE PENDANT LA PREMIÈRE SEMAINE SUIVANT L'ACCOUCHEMENT

Faites aussi:
Groupe 8 (prénatal), Exercice I: au lit, couchée ou assise.
Groupe 8 (prénatal). Exercice II: au lit, couchée ou assise.
Groupe 13 (prénatal). Exercice I: au lit, couchée ou assise.

EXERCICES À FAIRE À PARTIR DE LA DEUXIÈME SEMAINE SUIVANT L'ACCOUCHEMENT

Faites aussi:
Groupe 8 (prénatal), Exercice III: assise ou debout.
Groupe 8 (prénatal), Exercice IV.

Exercice I: Pour la voûte des pieds

Position de départ: À quatre pattes, coudes légèrement pliés; le dos droit et les jambes jointes. Veillez à ne pas écarter les talons pendant cet exercice.

Mouvement: Soulevez les genoux du sol. Le poids du corps repose maintenant sur les mains, les coudes tendus et le dos des pieds. Faites ressort sur le dos des pieds, puis reposez les genoux par terre. Intercalez des mouvements de détente pour les jambes.

Répétition: 4-8 fois.

GROUPE 3

EXERCICES POUR LES MUSCLES PECTORAUX

Après un accouchement conscient, il est bien probable que la jeune maman désire nourrir son bébé. Ce n'est pas ici la place pour énumérer les nombreux avantages de l'allaitement maternel, ni pour parler de ses désavantages, imaginaires pour la plupart. Nous voulons seulement rassurer la jeune mère en lui disant qu'elle peut être nourrice sans avoir à craindre pour son apparence. Il y a des femmes qui ont gardé une très belle poitrine après avoir nourri plusieurs bébés, comme il y en a d'autres dont les seins ont souffert d'une seule grossesse, même pas suivie d'allaitement. C'est vrai, nous ne sommes pas toutes pareilles, mais nous pouvons tirer le meilleur parti de ce que la nature nous a donné en prenant les quelques précautions suivantes:

1) Que vous ayez opté pour le sein ou le biberon, faites très fréquemment les exercices pour étendre et fortifier les muscles pectoraux. Soignez constamment votre tenue. Pour allaiter, asseyez-vous le dos bien appuyé et soutenez le sein pendant la tétée. Tenez le bébé de façon à ce qu'il ne tire pas le sein vers le bas.

2) Portez un soutien-gorge spécial pour nourrice.

3) Si possible, sevrez le bébé progressivement pour que l'involution des glandes mammaires se fasse lentement. D'ailleurs, les seins deviennent un peu plus petits après l'allaitement, que cela vous fasse plaisir ou non.

EXERCICES POUR LES MUSCLES PECTORAUX À FAIRE PENDANT LA PREMIÈRE SEMAINE SUIVANT L'ACCOUCHEMENT

Exercice I: Extension des muscles pectoraux

Position de départ: Couchée sur le dos, genoux pliés et pieds posés sur le lit, les bras écartés latéralement.

Mouvement: Montez les bras en glissant sur le matelas aussi haut que possible sans les soulever — inspiration. Revenez à la position de départ — expiration. Faites ce mouvement très lentement.

Répétition: 4-8 fois.

Exercice II: Pincement du haut des bras

Position de départ: Assise sur le bord du lit. Tenez le haut des bras avec la main opposée. Placez les pouces en bas.

Mouvement: Pincez le haut des bras et maintenez cet effort pendant quelques secondes. Vous sentirez la contraction des muscles pectoraux — inspiration. Relâchez — expiration.

Répétition: 4-8 fois.

Exercice III : Cercles des coudes

Position de départ: Assise sur le bord du lit ou sur une chaise, les mains placées sur les épaules.

Mouvement: Décrivez de grands cercles avec les coudes (voir Groupe 13, exercices prénatals). Ce mouvement facilite grandement l'afflux du lait dans les seins.

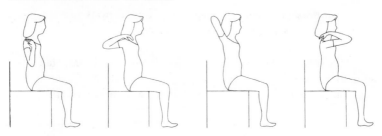

EXERCICES À FAIRE À PARTIR DE LA DEUXIÈME SEMAINE SUIVANT L'ACCOUCHEMENT

Exercice IV: Extension des muscles pectoraux et redressement du dos

Position de départ: Assise sur une chaise, tout le long du dos appuyé, les bras le long du corps.

Mouvement: Décrivez un grand cercle avec les bras en les levant en avant, en haut et en arrière — inspiration. Revenez en bas — expiration. Gardez le dos bien appuyé. Faites ensuite le cercle en sens inverse.

Répétition: 6-12 fois.

Exercice V: Pour fortifier les muscles pectoraux

Position de départ: Debout, dans l'embrasure d'une porte, muscles abdominaux et fessiers bien contractés, les mains posées contre l'embrasure de la porte, obliquement, en bas.

Mouvement: Exercez une forte pression des mains en comptant jusqu'à 4 — inspiration. Relâchez la tension peu à peu en comptant jusqu'à 4 — expiration. Répétez 3 fois, puis posez les mains à la hauteur des épaules. Répétez le mouvement 3 fois. Finalement, répétez-le les mains posées obliquement en haut. Relâchez les bras et recommencez.

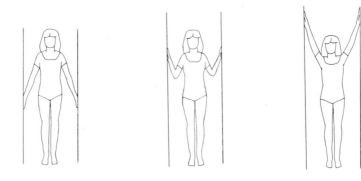

Répétition: 2-4 fois.

GROUPE 4

EXERCICES POUR AFFINER LA TAILLE, LES HANCHES ET LES CUISSES

De plus en plus souvent, nous rencontrons des jeunes femmes plusieurs fois mères qui ont gardé leur physique de jeune fille. Elles sont restées jeunes de corps et d'esprit. Elles aiment partager les jeux des petits et se joindre aux sports des plus grands. Elles nous prouvent qu'il n'est pas nécessaire de prendre des airs de matrone pour être une bonne mère de famille.

Comme la grossesse, la période suivant l'accouchement est le moment par excellence pour former le corps et pour corriger les petits défauts d'esthétique et de tenue, puisque l'organisme répond si vivement aux stimulations de l'exercice physique. Si, après l'accouchement, la jeune mère ne retrouve pas sa ligne d'avant la grossesse, c'est très probablement le tour de taille, des hanches et des cuisses qui laisse à désirer. La pratique persévérante des exercices suivants diminue le volume de ces parties du corps et rétablit l'équilibre des proportions. Peu à peu, les dépôts de graisse superflue disparaissent et les muscles se raffermissent.

EXERCICES POUR AFFINER LA TAILLE, À FAIRE PENDANT LA PREMIÈRE SEMAINE SUIVANT L'ACCOUCHEMENT

Exercice I: Torsion du buste avec mouvement des bras

Position de départ: Couchée sur le dos, les bras écartés horizontalement; genoux repliés, jambes posées à gauche, la jambe droite reposant sur la jambe gauche.

Mouvement: Levez le bras droit et abaissez-le à gauche en tournant la taille — expiration. Revenez à la position de départ — inspiration.

Répétition: 4-8 fois. Changez de côté après 4 mouvements, en roulant les jambes sur le matelas, les genoux toujours pliés.

Variation: (plus difficile) Les jambes étendues, corps et jambes forment un angle droit. Même mouvement.

Exercice II: Torsion du buste avec mouvement d'une jambe

Position de départ: Couchée sur le dos, les bras écartés, paumes en bas et les jambes allongées.

Mouvement: Levez la jambe droite verticalement, puis abaissez-la à gauche, pour rapprocher le pied droit de la main gauche. Tournez la taille et soulevez la hanche droite, mais veillez à ce que les épaules ne soient pas soulevées du matelas — inspiration. Revenez à la position de départ — expiration.

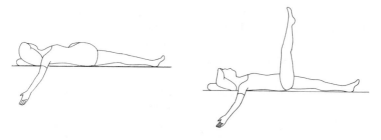

Répétition: 6-12 fois. Changez de jambe après 3 mouvements.

Variation: Amenez les jambes à droite, le long du matelas, de façon à ce qu'elles forment un angle droit avec le corps, la jambe gauche reposant sur la jambe droite. Les bras sont écartés, paumes en bas, les épaules touchent au matelas. Soulevez le bras gauche et amenez la main gauche vers la main droite — expiration. Votre tête se trouve près des genoux, les mains près des pieds. Revenez avec le bras gauche à la position de départ en tournant la taille — inspiration. Répétez au moins quatre fois, puis amenez les jambes à gauche et recommencez.

Exercice III: Torsion du buste en position assise

Position de départ: Assise sur une chaise, les pieds posés au sol, les mains derrière la tête et le dos tout droit.

Mouvement: Tournez le buste à droite en gardant les coudes bien écartés et le dos droit — inspiration. Revenez à la position de départ — expiration.

Répétition: 4-8 fois. Changez de côté chaque fois.

EXERCICES À FAIRE À PARTIR DE LA DEUXIÈME SEMAINE SUIVANT L'ACCOUCHEMENT

Exercice IV: Flexion latérale à genoux

Position de départ: Assise sur les talons, le bras droit devant le corps, les doigts de la main gauche légèrement appuyés en arrière du genou.

Mouvement: Redressez-vous en amenant le bras droit vers l'extérieur et au-dessus de la tête avec une forte flexion latérale; les doigts de la main gauche doivent rester autant que possible par terre — inspiration. Ramenez le bras devant le corps en vous asseyant à nouveau — expiration. Votre bras aura accompli un cercle.

Répétition: 8 fois. Changez de côté après 2 ou 4 mouvements.

Exercice V: Flexion latérale, debout

Position de départ: Debout, jambes jointes, les doigts croisés, paumes tournées vers le bas.

Mouvement: Levez les bras verticalement en tournant les paumes vers le haut — inspiration. Étirez-vous à droite — expiration, en haut — inspiration, à gauche — expiration. Revenez à la position de départ. Gardez les bras à côté des oreilles pour les flexions et les muscles abdominaux et fessiers bien serrés.

Répétition: 4-6 fois de chaque côté.

Exercice VI: Balancement avec torsion du buste

Position de départ: Les jambes jointes, le bras droit levé en avant, le bras gauche levé en arrière, horizontalement.

Mouvement: Balancez simultanément le bras droit en bas et en arrière, le bras gauche en bas et en avant en tournant le buste.
En balançant en bas, pliez les genoux — expiration; en remontant, tendez les genoux — inspiration. Le balancement se fait d'une manière continue.

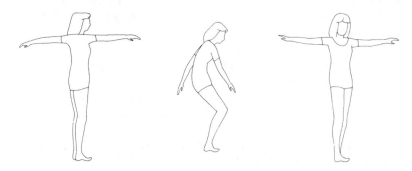

Répétition: 8-12 fois. Reposez-vous un peu après 4 ou 6 mouvements.

EXERCICES POUR RAFFERMIR LES HANCHES ET LES CUISSES, À FAIRE PENDANT LA PREMIÈRE SEMAINE SUIVANT L'ACCOUCHEMENT

Groupe 1 (postnatal), Exercices XI, XII, XIII et XIV. Ces exercices demandent une forte participation des muscles des cuisses.

Exercice VII: Extension et contraction des muscles des jambes

Position de départ: Assise sur le lit, tout le long du dos appuyé et les mains sur les hanches.

Mouvement: Repliez fortement les pieds et poussez les talons en avant. Gardez cette position pendant un moment, en respirant tranquillement.

Variation: Assise par terre, la plante des pieds contre un mur. Même mouvement.

EXERCICES POUR LES HANCHES ET LES CUISSES, À FAIRE À PARTIR DE LA DEUXIÈME SEMAINE SUIVANT L'ACCOUCHEMENT.

Exercice VIII: Pour les muscles des cuisses et les muscles fessiers

Position de départ: À quatre pattes, les mains sous les épaules, les cuisses en position verticale et le dos tout droit.

Mouvement: Étendez la jambe droite horizontalement puis abaissez-la pour toucher le sol avec le cou-de-pied — expiration.

Remontez la jambe à l'horizontale, exactement en ligne avec le corps, pas plus haut — inspiration.

Répétition: 16 fois. Changez de jambe après 4 mouvements.

Exercice IX: Marche, les genoux à demi-pliés

Position de départ: Debout sur la pointe des pieds, le dos très droit. Les bras le long du corps, les paumes pressent vers le bas, ce qui aide à maintenir la position verticale.

Mouvement: Imaginez que le plafond est directement au-dessus de votre tête. Vous devez restez à la même hauteur. Marchez très lentement en soignant votre posture. Respiration continue. Après 8 pas, étendez les genoux et relâchez les jambes en les secouant.

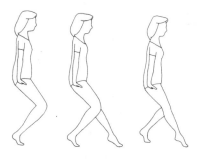

Répétition: 3-6 fois.

Exercice X: Monter et abaisser la jambe tendue

Position de départ: Tout le long du dos appuyé, les talons à un pied du mur.

Mouvement: Soulevez le genou droit et étendez la jambe horizontalement en avant. Baissez la jambe tendue et touchez le sol avec la pointe du pied, sans y mettre de poids — expiration. Remontez la jambe — inspiration. Répétez ce mouvement 4 fois avant de revenir à la position de départ.

Répétition: 4 fois avec chaque jambe.

PROGRESSION DE LA DILATATION CERVICALE

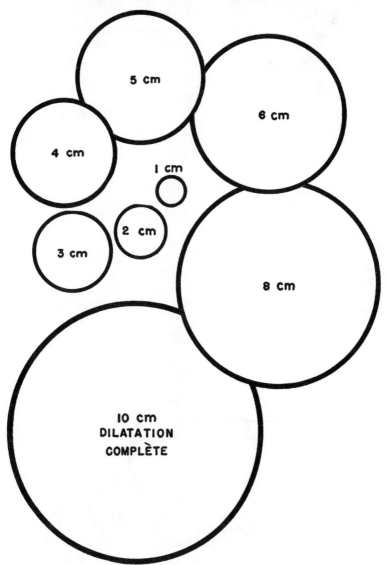

10 (1 cm), 5 (2 cm), 25 (3 cm), 50 (4 cm), française (5 cm), petite paume (6 cm), grande paume (8 cm), dilatation complète (10 cm).

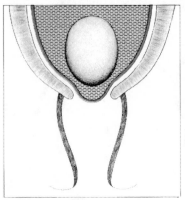

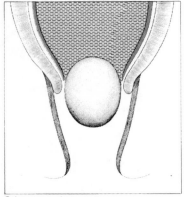

Le col en train de s'ouvrir.
Les membranes de l'œuf font
saillie, poussées par le liquide
amniotique : c'est la "poche des
eaux".

Col ouvert, poche rompue,
la tête de l'enfant sort de l'utérus.
Elle va maintenant traverser
le vagin et la vulve dilatés au
maximum.

Voici vu d'en haut le bassin de la femme. Nous voyons
son "détroit supérieur", les vertèbres lombaires, les os iliaques
droit et gauche (larges surfaces), la symphyse du pubis (devant),
le sacrum (bas de la colonne vertébrale) et le coccyx (bout du sacrum).

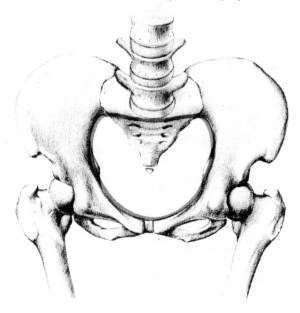

COMMENT CHOISIR LES EXERCICES
PENDANT LA GROSSESSE

A) *Programmes d'exercices quotidiens pour celles qui mènent une vie plutôt sédentaire*

En suivant cet exemple, substituez d'autres exercices
de chaque groupe pour varier les séances

Groupe 10 — BALANCEMENT
4 — 6e mois: Ex. 1 variation b   **79**
7 — 9e mois: Ex. 1   **78**

Groupe 4 — POUR LE DOS
4 — 6e mois: Ex. 3   **50**
7 — 9e mois: Ex. 4 et Ex. 5 variation   **51-52**

Groupe 3 — MAINTIEN DU BASSIN
4 — 6e mois: Ex. 1 et variation   **44**
7 — 9e mois: Ex. 3   **45**

Groupe 5 — POUR LES MUSCLES PECTORAUX
4 — 6e mois Ex. 1 et variation   **54-55**
7 — 9e mois: Ex. 4   **56**

Groupe 7 — POUR LES JAMBES
4 — 6e mois: Ex. 6, variation   **65**
7 — 9e mois: Ex. 7 et variation   **66**

Groupe 8 — POUR LES PIEDS
4 — 6e mois: Ex. 5 variations a et b   **70**
7 — 9e mois: Ex. 4   **69**

Groupe 1 — POUR LES ABDOMINAUX
4 — 6e mois: Ex. 4 variation   **37**
7 — 9e mois: Ex. 1   **34-35**

Groupe 6 — POUR LES HANCHES ET CUISSES
4 — 6e mois: Ex. 2 et variations a et b   **58-59**

Groupe 2 — POUR LES MUSCLES DU PÉRINÉE
4 — 6e mois: Ex. 2   **41**
7 — 9e mois: Ex. 2   **41**

Groupe 9 — POUR UNE TENUE IDÉALE
4 — 6e mois: Ex. 4   **76**
7 — 9e mois: Ex.2   **75**

Groupe 11 — DÉTENTE
         4 — 6e mois: Ex. 5 **85**
         7 — 9e mois: Ex. 2 et variation **85**

Groupe 12 — RESPIRATION
         4 — 6e mois: Ex. 1 et variation **91-92**
                        Ex. 3 et variation c **92-93**
                        Ex. 9 **98**
         7 — 9e mois: Ex. 4 **94**
                        Ex. 6 **96**
                        Ex. 7 **96**
                        Ex. 3 et variation c **92-93**

         et les respirations comme décrit au chap. III
         (Respiration pendant la 2e phase)

Groupe 10 — BALANCEMENT
         4 — 6e mois: Ex. 1 variation b **79**
         7 — 9e mois: Ex. 5 et variation b **81**

B) Programmes d'exercices quotidiens pour celles qui mènent une vie plutôt active

En suivant cet exemple, substituez d'autres exercices
de chaque groupe pour varier les séances

Groupe 10 — BALANCEMENT
         4 — 6e mois: Ex. 2 **79**

Groupe 4 — POUR LE DOS
         4 — 6e mois: Ex. 6 et 7 **52-53**
         7 — 9e mois: Ex. 1 et variation **48**

Groupe 3 — MAINTIEN DU BASSIN
         4 — 6e mois: Ex. 2 et variation **45**
         7 — 9e mois: Ex. 4 et 5 **46-47**

Groupe 5 — POUR LES MUSCLES PECTORAUX
         4 — 6e mois: Ex. 2 **55**
         7 — 9e mois: Ex. 5 **57**

Groupe 7 — POUR LES JAMBES
         4 — 6e mois: Ex. 3 et variation **63-64**
         7 — 9e mois: Ex. 7 et variation **66**

et les respirations comme décrit au chap. III
(respirations pendant la 2e phase)

COMMENT CHOISIR LES EXERCICES
APRÈS L'ACCOUCHEMENT

En suivant ces exemples, substituez d'autres exercices
après le 8ème jour, pour varier les séances

1er jour d'exercices:

Groupe 1 — POUR LES ABDOMINAUX ET LE PÉRINÉE
          Ex. 1 répétez 4 fois   **153**
          Ex. 10 répétez 8 fois   **158**

Groupe 2 — POUR LES PIEDS
          Ex. 1 prénatal, groupe 8, couchée
                    répétez 8 fois chaque pied   **67**

2ième jour d'exercices:

Groupe 1 — POUR LES ABDOMINAUX
        Ex. 1 répétez 4 fois **153**
        Ex. 1 variation répétez 4 fois **153**
        Ex. 10 répétez 8 fois **158**

Groupe 2 — POUR LES PIEDS
        Ex. 3 prénatal, groupe 8
            16 fois chaque pied **68**

Groupe 3 — POUR LES PECTORAUX
        Ex. 2 répétez 8 fois chaque mouvement **163**

3ième jour d'exercices:

Groupe 1 — POUR LES ABDOMINAUX ET LE PÉRINÉE
        Ex. 2 répétez 8 fois **153**
        Ex. 3 **154**
        Ex. 5 **155**

Groupe 2 — POUR LES PIEDS
        Ex. 1 prénatal, groupe 8, répétez 8 fois **67**

Groupe 3 — POUR LES PECTORAUX
        Ex. 2 répétez 8 fois **163**

Groupe 4 — POUR LA TAILLE
        Ex. 1 répétez 8 fois **166**

4ième jour d'exercices:

Groupe 1 — POUR LES ABDOMINAUX ET LE PÉRINÉE
        Ex. 1 variation répétez 6 fois **153**
        Ex. 2 répétez 6 fois **153**
        Ex. 10 répétez 12 fois **158**
        Ex. 11 répétez 4 fois **159**

Groupe 2 — POUR LES PIEDS
        Ex. 3 prénatal, groupe 8
            répétez 8 fois chaque jambe **68**

Groupe 3 — POUR LES PECTORAUX
        Ex. 2 répétez 8 fois **163**

Groupe 4 — POUR LA TAILLE
        Ex. 1 répétez 8 fois **166**

5ième jour d'exercices:

Groupe 1 — POUR LES ABDOMINAUX ET LE PÉRINÉE
Ex. 2 répétez 8 fois **153**
Ex. 3 variation répétez 8 fois **154**
Ex. 10 répétez 12 fois **158**
Ex. 11 répétez 4 fois **159**

Groupe 2 — POUR LES PIEDS
Ex. 1 répétez 8 fois **161**

Groupe 3 — POUR LES PECTORAUX
Ex. 2 répétez 8 fois **163**

Groupe 4 — POUR LA TAILLE
Ex. 1 répétez 8 fois **166**
Ex. 2 répétez 8 fois **167**

6ième jour d'exercices:

Groupe 1 — POUR LES ABDOMINAUX ET LE PÉRINÉE
Ex. 3 répétez 8 fois **154**
Ex. 3 variation répétez 8 fois **154**
Ex. 5 répétez 6 fois **155**
Ex. 10 répétez 12 fois **158**
Ex. 11 répétez 4 fois **159**

Groupe 2 — POUR LES PIEDS
Ex. 1 répétez 6 fois **161**

Groupe 3 — POUR LES PECTORAUX
Ex. 1 prénatal, groupe 5 répétez 8 fois **54**

Groupe 4 — POUR LA TAILLE
Ex. 2 répétez 8 fois **167**
Ex. 2 variation répétez 4 fois **167**

2ième semaine:

Exemple pour une séance de 10 minutes, à pratiquer
pendant la 2ème semaine après l'accouchement

Groupe 1 — POUR LES ABDOMINAUX ET LE PÉRINÉE
Ex. 5 répétez 8 fois **155**
Ex. 7 répétez 16 fois **156**
Ex. 11 répétez 6 fois **159**

Groupe 2 — POUR LES PIEDS
Ex. 3 prénatal, groupe 8
répétez 8 fois chaque pied **68**

TABLE DES MATIÈRES

Achevé d'imprimer sur les presses de

L'IMPRIMERIE ELECTRA*
*Division de l'A.D.P. Inc.

pour

LES ÉDITIONS DE L'HOMME*
*Division de Sogides Ltée

Imprimé au Canada/Printed in Canada

Ouvrages parus
chez les Éditeurs du groupe Sogides

Ouvrages parus aux
ÉDITIONS
DE L'HOMME

ALIMENTATION — SANTÉ

Alimentation pour futures mamans, Mmes Sekely et Gougeon

Les allergies, Dr Pierre Delorme

Apprenez à connaître vos médicaments, René Poitevin

L'art de vivre en bonne santé, Dr Wilfrid Leblond

Bien dormir, Dr James C. Paupst

La boîte à lunch, Louise Lambert-Lagacé

La cellulite, Dr Gérard J. Léonard

Comment nourrir son enfant, Louise Lambert-Lagacé

La congélation des aliments, Suzanne Lapointe

Les conseils de mon médecin de famille, Dr Maurice Lauzon

Contrôlez votre poids, Dr Jean-Paul Ostiguy

Desserts diététiques, Claude Poliquin

La diététique dans la vie quotidienne, Louise L.-Lagacé

En attendant notre enfant, Mme Yvette Pratte-Marchessault

Le face-lifting par l'exercice, Senta Maria Rungé

La femme enceinte, Dr Robert A. Bradley

Guérir sans risques, Dr Emile Plisnier

Guide des premiers soins, Dr Joël Hartley

La maman et son nouveau-né, Trude Sekely

La médecine esthétique, Dr Guylaine Lanctôt

Menu de santé, Louise Lambert-Lagacé

Pour bébé, le sein ou le biberon, Yvette Pratte-Marchessault

Pour vous future maman, Trude Sekely

Recettes pour aider à maigrir, Dr Jean-Paul Ostiguy

Régimes pour maigrir, Marie-José Beaudoin

Santé et joie de vivre, Dr Jean-Paul Ostiguy

Le sein, En collaboration

Soignez-vous par le vin, Dr E.A. Maury

Sport — santé et nutrition, Dr Jean-Paul Ostiguy

Tous les secrets de l'alimentation, Marie-Josée Beaudoin

ART CULINAIRE

101 omelettes, Marycette Claude
L'art d'apprêter les restes, Suzanne Lapointe
L'art de la cuisine chinoise, Stella Chan
La bonne table, Juliette Huot
La brasserie la mère Clavet vous présente ses recettes, Léo Godon
Canapés et amuse-gueule
Les cocktails de Jacques Normand, Jacques Normand
Les confitures, Misette Godard
Les conserves, Soeur Berthe
La cuisine aux herbes
La cusine chinoise, Lizette Gervais
La cuisine de maman Lapointe, Suzanne Lapointe
La cuisine de Pol Martin, Pol Martin
La cuisine des 4 saisons, Hélène Durand-LaRoche
La cuisine en plein air, Hélène Doucet Leduc
La cuisine micro-ondes, Jehane Benoit
Cuisiner avec le robot gourmand, Pol Martin
Du potager à la table, Paul Pouliot et Pol Martin
En cuisinant de 5 à 6, Juliette Huot
Fondue et barbecue
Fondues et flambées de maman Lapointe, S. et L. Lapointe
Les fruits, John Goode

La gastronomie au Québec, Abel Benquet
La grande cuisine au Pernod, Suzanne Lapointe
Les grillades
Hors-d'oeuvre, salades et buffets froids, Louis Dubois
Les légumes, John Goode
Liqueurs et philtres d'amour, Hélène Morasse
Ma cuisine maison, Jehane Benoit
Madame reçoit, Hélène Durand-LaRoche
La pâtisserie, Maurice-Marie Bellot
Poissons et crustacés
Poissons et fruits de mer, Soeur Berthe
Le poulet à toutes les sauces, Monique Thyraud de Vosjoli
Les recettes à la bière des grandes cuisines Molson, Marcel L. Beaulieu
Recettes au blender, Juliette Huot
Recettes de gibier, Suzanne Lapointe
Les recettes de Juliette, Juliette Huot
Les recettes de maman, Suzanne Lapointe
Les techniques culinaires, Soeur Berthe Sansregret
Vos vedettes et leurs recettes, Gisèle Dufour et Gérard Poirier
Y'a du soleil dans votre assiette, Francine Georget

DOCUMENTS — BIOGRAPHIES

Action Montréal, Serge Joyal
L'architecture traditionnelle au Québec, Yves Laframboise
L'art traditionnel au Québec, M. Lessard et H. Marquis
Artisanat québécois 1, Cyril Simard
Artisanat Québécois 2, Cyril Simard
Artisanat Québécois 3, Cyril Simard
Les bien-pensants, Pierre Berton
La chanson québécoise, Benoît L'Herbier
Charlebois, qui es-tu? Benoit L'Herbier
Le comité, M. et P. Thyraud de Vosjoli
Deux innocents en Chine rouge, Jacques Hébert et Pierre E. Trudeau
Duplessis, tome 1: L'ascension, Conrad Black

Les mammifères de mon pays, St-Denys, Duchesnay et Dumais
Margaret Trudeau, Felicity Cochrane
Masques et visages du spiritualisme contemporain, Julius Evola
Mon calvaire roumain, Michel Solomon
Les moulins à eau de la vallée du Saint-Laurent, F. Adam-Villeneuve et C. Felteau
Mozart raconté en 50 chefs-d'oeuvre, Paul Roussel
La musique au Québec, Willy Amtmann
Les objets familiers de nos ancêtres, Vermette, Genêt, Décarie-Audet
L'option, J.-P. Charbonneau et G. Paquette
Option Québec, René Lévesque

Duplessis, tome 2: Le pouvoir Conrad Black
La dynastie des Bronfman, Peter C. Newman
Les écoles de rasb au Québec, Jacques Dorion
Égalité ou indépendance, Daniel Johnson
Envol — Départ pour le début du monde, Daniel Kemp
Les épaves du Saint-Laurent, Jean Lafrance
L'ermite, T. Lobsang Rampa
Le fabuleux Onassis, Christian Cafarakis
La filière canadienne, Jean-Pierre Charbonneau
Le grand livre des antiquités, K. Bell et J. et E. Smith
Un homme et sa mission, Le Cardinal Léger en Afrique
Information voyage, Robert Viau et Jean Daunais
Les insolences du Frère Untel, Frère Untel
Lamia, P.L. Thyraud de Vosjoli
Magadan, Michel Solomon
La maison traditionnelle au Québec, Michel Lessard et Gilles Vilandré
La maîtresse, W. James, S. Jane Kedgley

Les papillons du Québec, B. Prévost et C. Veilleux
La petite barbe. J'ai vécu 40 ans dans le Grand Nord, André Steinmann
Pour entretenir la flamme, T. Lobsang Rampa
Prague l'été des tanks, Desgraupes, Dumayet, Stanké
Premiers sur la lune, Armstrong, Collins, Aldrin Jr
Provencher, le dernier des coureurs de bois, Paul Provencher
Le Québec des libertés, Parti Libéral du Québec
Révolte contre le monde moderne, Julius Evola
Le struma, Michel Solomon
Le temps des fêtes, Raymond Montpetit
Le terrorisme québécois, Dr Gustave Morf
La treizième chandelle, T. Lobsang Rampa
La troisième voie, Emile Colas
Les trois vies de Pearson, J.-M. Poliquin, J.R. Beal
Trudeau, le paradoxe, Anthony Westell
Vizzini, Sal Vizzini
Le vrai visage de Duplessis, Pierre Laporte

ENCYCLOPÉDIES

L'encyclopédie de la chasse, Bernard Leiffet
Encyclopédie de la maison québécoise, M. Lessard, H. Marquis
Encyclopédie des antiquités du Québec, M. Lessard, H. Marquis
Encyclopédie des oiseaux du Québec, W. Earl Godfrey

Encyclopédie du jardinier horticulteur, W.H. Perron
Encyclopédie du Québec, vol. I, Louis Landry
Encyclopédie du Québec, vol. II, Louis Landry

LANGUE

Améliorez votre français, Professeur Jacques Laurin
L'anglais par la méthode choc, Jean-Louis Morgan
Corrigeons nos anglicismes, Jacques Laurin

Notre français et ses pièges, Jacques Laurin
Petit dictionnaire du joual au français, Augustin Turenne
Les verbes, Jacques Laurin

LITTÉRATURE

22 222 milles à l'heure, Geneviève Ga-
gnon
Aaron, Yves Thériault
Adieu Québec, André Bruneau
Agaguk, Yves Thériault
L'allocutaire, Gilbert Langlois
Les Berger, Marcel Cabay-Marin
Bigaouette, Raymond Lévesque
Le bois pourri, Andrée Maillet
Bousille et les justes (Pièce en 4 actes),
Gratien Gélinas
Cap sur l'enfer, Ian Slater
Les carnivores, François Moreau
Carré Saint-Louis, Jean-Jules Richard
Les cent pas dans ma tête, Pierre Dudan
Centre-ville, Jean-Jules Richard
Chez les termites, Madeleine Ouellette-
Michalska
Les commettants de Caridad, Yves
Thériault
Cul-de-sac, Yves Thériault
D'un mur à l'autre, Paul-André Bibeau
Danka, Marcel Godin
La débarque, Raymond Plante
Les demi-civilisés, Jean-C. Harvey
Le dernier havre, Yves Thériault
Le domaine Cassaubon, Gilbert Langlois
Le dompteur d'ours, Yves Thériault
Le doux mal, Andrée Maillet
Échec au réseau meurtrier, Ronald
White
L'emprise, Gaétan Brulotte
L'engrenage, Claudine Numainville
En hommage aux araignées, Esther
Rochon
Et puis tout est silence, Claude Jasmin
Exodus U.K., Richard Rohmer
Exxoneration, Richard Rohmer
Faites de beaux rêves, Jacques Poulin
La fille laide, Yves Thériault
Fréquences interdites, Paul-André
Bibeau
La fuite immobile, Gilles Archambault
J'parle tout seul quand Jean Narrache,
Emile Coderre

Le jeu des saisons, M. Ouellette-
Michalska
Joey et son 29e meurtre, Joey
Joey tue, Joey
Joey, tueur à gages, Joey
Lady Sylvana, Louise Morin
La marche des grands cocus, Roger
Fournier
Moi ou la planète, Charles Montpetit
Le monde aime mieux..., Clémence Des-
Rochers
Monsieur Isaac, G. Racette et N. de Bel-
lefeuille
Mourir en automne, Claude DeCotret
N'tsuk, Yves Thériault
Neuf jours de haine, Jean-Jules Richard
New Medea, Monique Bosco
L'ossature, Robert Morency
L'outaragasipi, Claude Jasmin
La petite fleur du Vietnam, Clément Gau-
mont
Pièges, Jean-Jules Richard
Porte silence, Paul-André Bibeau
Porte sur l'enfer, Michel Vézina
Requiem pour un père, François Moreau
La scouine, Albert Laberge
Séparation, Richard Rohmer
Si tu savais..., Georges Dor
Les silences de la Croix-du-Sud, Daniel
Pilon
Tayaout — fils d'Agaguk, Yves Thériault
Les temps du carcajou, Yves Thériault
Tête blanche, Marie-Claire Blais
Tit-Coq, Gratien Gélinas
Les tours de Babylone, Maurice Gagnon
Le trou, Sylvain Chapdelaine
Ultimatum, Richard Rohmer
Un simple soldat, Marcel Dubé
Valérie, Yves Thériault
Les vendeurs du temple, Yves Thériault
Les visages de l'enfance, Dominique
Blondeau
La vogue, Pierre Jeancard

LIVRES PRATIQUES — LOISIRS

8/super 8/16, André Lafrance
L'ABC du marketing, André Dahamni

Initiation au système métrique, Louis
Stanké